初信者的11堂課

基督徒初信者的新生活指南

傳揚福音者的實用寶典

王道仁、蔡碧真 著 | 王恆新 繪圖
（德生教會牧師）

LOGOS 系列 13
初信者的 11 堂課

作　　者：王道仁、蔡碧眞
繪　　圖：王恆新
社　　長：鄭超睿
發 行 人：鄭惠文
編　　輯：洪懿諄
版型及封面設計：張淩綺

出版發行：主流出版有限公司 Lordway Publishing Co. Ltd.
出 版 部：臺北市南京東路五段 389 巷 5 弄 5 號 1 樓
電　　話：(02) 2766-5440
傳　　眞：(02) 2761-3113
電子信箱：lord.way@msa.hinet.net
劃撥帳號：50027271
網　　址：www.lordway.com.tw

經　　銷：

紅螞蟻圖書有限公司
臺北市內湖區舊宗路二段 121 巷 19 號
電話：(02) 2795-3656　　傳眞：(02) 2795-4100

華宣出版有限公司
新北市中和區連城路 236 號 3 樓
電話：(02) 8228-1318　　傳眞：(02) 2221-9445

2023 年 7 月　初版 1 刷
書號：L2305
ISBN：978-626-97409-2-5（平裝）
Printed in Taiwan

國家圖書館出版品預行編目資料

初信者的11堂課/王道仁, 蔡碧眞著. -- 初版. --
　臺北市：主流出版有限公司, 2023.07
　　面；　公分. --（LOGOS系列 ; 13）
　　ISBN 978-626-97409-2-5（平裝）

　1.基督徒　2.信仰

244.9　　　　　　　　　　　　　112009578

誠摯推薦

以色列人走過上帝斷流的約旦河，順道從河中取了石頭，作為進入應許之地的記號；作者以牧者胸懷兼具醫生專業暢然揮灑的本書，穩穩地為讀者立下信仰旅程的基石！初信者從此可以安穩前行，享受有神同在應許的人生！

華神舊約教授、教牧博士暨宣教博士科主任　吳獻章牧師

詳讀碧眞姊寄來的初稿，甚為驚艷。其取材廣泛且實際，敘述簡潔而流暢；各章前有例證，逐項問答，綱舉目張，讓讀者可輕鬆閱讀且獲益；王牧師數篇專文更是振聾發聵，發人深省。眞是值得推薦的好書，是初信者的好幫手。

台灣聖教會佳美關懷中心主任

《靈性診療室》《信仰不倒翁》作者　李文成醫師

《初信者的11堂課》之巨著，乃第一代基督徒蔡碧眞老師配合王道仁牧師的教導所撰寫。本書不但是初信者的寶典，同時也是資深基督徒信仰行動的旁徵，更是愛與事奉，以及傳揚福音的指引，實值得參酌與閱讀。

台南神學院院長　胡忠銘牧師

我很喜歡這本給初信者的小書，因為：

作者很懂後現代人喜歡聽故事，每一章都有實際的例子，生動活潑，相信初信者讀來都會心有戚戚焉的感覺。

作者很能站在初信者的角度，而不是教導者的角度書寫，例如：「家族要我拿香拜拜怎麼辦？聖經讀不懂怎麼辦？」讀來很窩心。

作者誠實以對，不光說好聽的話，甚至要人分辨傳道者的講道；也非常平衡，邀請大家一起參與教會的事奉，但又提醒不可因事奉而忽略家庭，這很棒。

作者一定是個傳福音的人，每章都有Q&A段落，每個問題都很實際，例如：「初信者如何融入教會？」甚至「在教會受傷時怎麼辦？」這真是太實用了！

作者一定也是個深度關懷者，第七章講「疼惜受苦的人」，這不是一般初信造就的書會出現的章節，這真是令人激賞。最後，這本小書也透顯出作者信仰的大公性，不侷限在某宗派的獨特性，是所有宗派都可使用的。

我很樂意推薦這本小書，願更多人成為主的門徒。

前校園書房出版社總編輯　黃旭榮傳道

作者序一

　　我在牧會當中最快樂的事奉之一，就是幫預備洗禮的弟兄姊妹上學道班課程。聽到他們分享上帝寶貴的恩典，有時甚至覺得自己得到的比給他們的還多。在一個很特別的機會，教會學道班的蔡碧真老師願意參考學道班的架構，主筆撰寫這本書，讓我充滿感恩。很希望這本書當中分享的，能給剛接受耶穌的弟兄姊妹一點陪伴和幫助。

　　特別感謝親愛的老婆王牧恩的支持：在牧會的高低起伏中，很謝謝她陪伴我，用行動和禱告支持我；感謝孩子王恆新的小插圖，讓這本書多一些活潑的氣息。謝謝爸媽協助校閱，也謝謝王恆音、王恆深、王恆今默默的支持。最後感謝賜恩典的上帝，即使自己常覺不足，但祂的恩典能幫助、超越人的軟弱。願上帝賜福給每一個渴慕親近祂的人！

王道仁

作者序二

我是第一代基督徒，生長在傳統信仰家庭。因爲羨慕周圍一些基督徒朋友所展現的生命特質，我很快地成爲一位渴望認識上帝的教會新朋友。

但是，來到教會參加禮拜後，心裡卻經常出現一堆疑問。例如「阿們」是什麼意思？「信耶穌，得永生」在講什麼？來參加禮拜都要奉獻嗎？聖經明明很白話，卻是看不懂、讀不下去，怎麼辦……？因爲這些都是教會生活的日常，好像太基本了，反而讓我不好意思開口問人。

即便我上完了預備洗禮的課程，心中還是有很多疑問。特別是開始與弟兄姊妹互動後，更是常常不知所措。對於教會的人際互動文化，開口提問怕尷尬，閉口不談又很悶，我眞想知道當中的潛規則啊！

後來，我成爲教會執事，有更多機會接觸教會的新朋友，也在洗禮前的學道班授課後，發現有類似困擾的初信者豈止我一人？初信者在這些問題上撞牆時，有可能會默默疏離聖經、禱告，甚至淡出教會。如果能有一本白話且

親民的基督信仰入門書籍，將會是有幫助的。

在一次會談中，得知王道仁牧師有意集結過去的講道稿，為初信者寫一本入門書，但苦無時間整理。我身為第一代基督徒，深感這樣的書籍對初信者、新朋友是有意義的，便立刻表示願意參與同工。

因此，本書的撰寫是以王道仁牧師的講道稿及他所編寫的學道班教材為底，用淺白的文字解釋信仰真理，也嘗試透過案例、提問來解答初信者在信仰生活中可能遭遇的疑惑與困境，希望有助於初信者認識信仰真理及融入教會生活。

其實，這本書背後還有一個故事：

2020年秋天，我因為莫名的嚴重咳嗽留職停薪一學期，當時甚至無法順暢講話，不知道自己還能做什麼？身體何時能康復？正處在十分沮喪的景況中，卻因為參與這個事工，幫助我撐過不知所措的留職停薪期。

當我用三個多月的時間將初稿整理完畢時，咳嗽竟然也緩步痊癒了，讓我得以順利復職。整個過程中，我真真實實地經歷神的恩典與憐憫！

本書的完成，要特別感謝梁望惠牧師。梁牧師在我書

寫完每一個篇章後，幫忙仔細閱讀，提供許多寫作方向上的建議並給予鼓勵，讓我有勇氣一篇篇地接續完成。

也要感謝白又謙弟兄、李穎慧姊妹、陳逸光弟兄、張君育牧師、黃曉玲牧師娘、曾妙儀姊妹、鄭勝智弟兄撥冗閱讀書稿，提供寶貴的建議。還有，蔡哲彥弟兄協助本書的校稿。謹在此致上深深謝意！

蔡碧真

目錄

說明：本書聖經經文採用現代中文譯本

1 為什麼要來信耶穌？

　　小美是個膽怯、容易焦慮的人，所幸，同事小佳總是安慰、鼓勵她。

　　其實，單親媽媽小佳的景況並不好，但她總是能平靜安穩地面對每一天，讓小美佩服又好奇。

　　而小佳總是說：「因為主耶穌在我心裡賜下平安。祂是我的避難所，是我的力量，也是我在患難中的幫助！」

　　小美很羨慕小佳心中的平安，但也不免疑惑：「基督徒的主耶穌到底是誰？為什麼主耶穌能使小佳勇敢面對生活中的挑戰？」

　　某天，小佳邀請小美一起去教會認識主耶穌。

　　小美緊張地說：「不好吧！去教會就變成基督徒了，基督徒不能拿香祭祖，那我的祖先沒人拜怎麼辦？而且，我爸媽要是知道我去教會，不曉得會作何反應？」

　　小佳笑著說：「妳太緊張了！不是去教會就變成基督徒了，而且基督徒也可以用其他方式盡子孫孝道啊！」

　　這番話讓小美的腦袋裡冒出一朵朵謎雲……。

一、耶穌是誰？

耶穌是上帝的獨生子。

祂本具有神性，但上帝使祂降世為人，由童貞女馬利亞自聖靈受孕，出生在約瑟及馬利亞的家中。耶穌在世間三十三年，最後的三年不僅透過醫病、趕鬼等神蹟顯現祂的大能，更重要的是祂教導門徒，傳揚天國的福音，為世人樹立愛上帝愛人的價值與典範。

不過，耶穌在民間引起的簇擁，以及祂所傳揚的信息，讓當時的宗教領袖極度不安且仇視。最後宗教領袖們羅織罪名，將耶穌釘死在十字架上。

但是，耶穌卻勝過死亡，在死後的第三天，上帝讓祂復活。復活的主耶穌多次在門徒面前顯現，向他們傳講上帝國的事，並且把傳福音的大使命交託他們，經過四十日後升天。

其實，沒有人見過上帝，是耶穌用行動和言語將上帝的形象顯明出來。所以，我們可以透過在人群中講道、醫治、救贖的耶穌來認識上帝。

「沒有人見過上帝，只有獨子，就是跟父親最親密的那一位，把他啟示出來。」（約翰福音1:18）

Q：為何人們總是稱呼耶穌基督？基督是什麼意思？

「基督」就是「彌賽亞」，二者分別是希臘文和希伯來文的譯音，意思是受上帝揀選、膏抹及派遣的人。

在當時的猶太人之間，耶穌其實是很常見的名字，聖經裡稱「耶穌基督」，除了有區別的用意，更是強調耶穌就是猶太人所期待、被上帝派遣來施行拯救的那位基督。所以，不要將「基督」誤解成耶穌的姓氏！

Q：耶穌既然是被上帝派遣來拯救世人的救世主，為何自己反而被釘死在十字架上？

耶穌降生為人、在世間講道、被釘十字架、復活、升天，這一切都是行在上帝的旨意中。

自從人類的祖先亞當犯罪（違背上帝的命令）後，人與上帝的親近關係就遭到破壞了。但是，上帝仍然疼愛世人，不僅派遣耶穌來到世間講道、醫治，並且爲了救贖人類的罪愆，上帝讓耶穌被釘死在十字架上，代替世人承受他們應得的報應，用耶穌的身體及所流的鮮血當作祭物，爲我們贖罪，洗淨我們生命中的過犯、罪惡。

　　許多人以爲「救世主」應該是威風凜凜、所向披靡，但耶穌展現的卻是柔和謙卑，甚至犧牲自己被釘死在十字架上，確實是顛覆了一般人的想像。

二、成為基督徒的恩典

　　基督徒最大的恩典就是成爲上帝的兒女，從此由上帝爸爸來照顧、呵護、安慰、鼓勵，甚至責備、提醒。我們可以將生命中的一切重擔交託給上帝爸爸，在我們茫然無措、恐懼不安、軟弱無力時，可以求告祂；犯錯時，可以向祂認罪尋求赦免；不知方向時，也可以求祂引領。

而且，成為上帝兒女後，舊事已過，一切都變成新的了。

三、耶穌賜平安

基督徒喜歡用「平安」來彼此問候，並強調「耶穌賜平安」。

傳統的民間信仰也喜歡祈福求平安，希望無災無難、諸事順利，但基督信仰所說的「平安」有一點不一樣。「耶穌賜平安」的意思，不是說信耶穌之後人生就會一帆風順、求什麼有什麼；而是指不管在任何景況中，耶穌都會與我們同在，祂會在我們的生命中賜下力量，使我們不孤單、不害怕，也會幫助我們勝過困境，使我們的生命得到成長。

耶穌說：「我留下平安給你們，我把我的平安賜給你們。我所給你們的，跟世人所給的不同。你們心裡不要愁煩，也不要害怕。」（約翰福音14:27）

所以，基督信仰中的「平安」是：即便面對人生風浪也能平靜安穩。

曾經，有一位瀕臨癌症末期的復健師這樣見證：「『倒要歡喜；因為你們是與基督一同受苦，使你們在他榮耀顯現的時候，也可以歡喜快樂。』（彼得前書4:13，和合本）這些經文過去聽自牧師口裡，自己也可以琅琅上口，如今卻成為我活下去的根據及亮光。我相信我的未來，主耶穌已為我得勝，無論留在地上或提早回天家。提早回天家，我可以在上帝那兒過得很好，即便如此，上帝也會應許照顧我的妻子和孩子，祂會親自代替我來照顧我的家。但如果上帝允許我留在地上，相信祂會賜我豐盛的生命，再次更深經歷祂，好成就神最美好的旨意。[1]」

---

[1] https://blog.xuite.net/meiluan.pct/blog/brick-view/64549247，2023年6月23日

四、「信耶穌，得永生」是什麼意思？
永生，就是永遠與上帝同在的生命。

當我們成為基督徒認識上帝、認識耶穌以後，上帝就會一直與我們同在，不會離開我們。

每個人都要面對死亡，但基督徒即使死亡，上帝也不會離開我們，並且藉著耶穌的復活，我們也得到復活的盼望。在耶穌再來的時候，我們會得到復活的身體及永遠的生命。因此永生是我們現在就可以開始經歷的，同時也是未來美好的盼望。

「認識你是唯一的真神，並且認識你所差來的耶穌基督，這就是永恆的生命。」（約翰福音17:3）

五、如何成為基督徒？

1. 認識創造宇宙萬物的上帝

我們的生命、氣息、所居住的世界等，都是上帝的創造、賜予。我們可以透過親自體驗，去認識這位「使無變有」的創造主。例如：觀看祂所造的萬物，在敬拜上帝中體驗原本軟弱的心滋生出力量、原本哭泣的得到安慰等等。另外也可以透過上帝的話語——聖經，去認識上帝。

2. 承認自己的黑暗與罪惡

承認自己曾有的過犯，謙卑來到上帝面前尋求幫助、赦免與憐憫。例如：因為心中記恨無法饒恕，可以來到上帝面前坦承一切並尋求幫助。

3. 接受耶穌十字架的救恩

相信耶穌為我們被釘死在十字架上，祂所流出的寶血已經洗淨我們的罪愆，使我們能與上帝重新建立美好的關係，成為一個新造的人。

4. 信靠上帝將生命交託

透過禱告，將生命的方向交託給上帝，求上帝引導生命路程。

5. 接受洗禮

洗禮是對上帝、對人正式表明信仰，並成為基督教會的一分子。

領受洗禮的人需要在上帝及會眾面前公開表明願意悔改及接受耶穌作為個人生命中的救主，然後，才由牧師進行施洗。

6. 學習依循聖經教導過生活

一個基督徒不僅要接受洗禮，而且應該學習按照聖經教導，過合上帝心意的生活。

Q：成為基督徒，有資格限制嗎？

我們能成為基督徒，是因著上帝白白賞賜的恩典，以及我們願意信耶穌為救主，而不是因為我們自己有什麼可誇口的美善行為。所以，成為基督徒不需要特別的資格，只需要像個小孩般單純地來到耶穌面前接受一件事：耶穌愛我們。不管發生什麼事情，不管我們是成功或失敗，祂都愛我們。

曾經有一位罪大惡極的死刑犯，在獄中接受洗禮。當時社會對於牧師願意為惡徒施洗一事，大加撻伐，甚至不諒解基督教。

據聞，那位死刑犯在上帝面前認罪懺悔，並對牧師說：「牧師，我是被判五個死刑的人，懺悔不懺悔都不會改變死刑判決，我何必騙上帝？」牧師表示因著這位受刑人願意捐器官、向被害家屬致歉，甚至多次主動感化獄中室友，而相信他是真心悔悟，才為他施洗。

其實，牧師施洗的對象不是聖人，而是願意在耶穌面前真心認罪悔改的人。所以，即便是曾經嚴重犯錯的人也可以成為基督徒。

　　上帝疼愛世人，正如祂「使太陽照好人，同樣也照壞人；降雨給行善的，也給作惡的。」（參馬太福音5:45）無論過往外界給你的標籤是什麼，只要願意認罪悔改，都可以成為上帝珍愛的寶貝。

　　「你們是靠上帝的恩典、憑信心而得救的；這不是出於你們自己的行為，而是上帝的恩賜。既然不是靠行為，你們就沒有什麼好誇口的。」（以弗所書2:8-9）

Q：我相信耶穌就好，為什麼一定要接受洗禮？

　　有些人向來接受多神，信耶穌對他們來說，不過是生活中多了一位新認識的神。有些人原本認為世上沒有神，認識耶穌後，雖然相信耶穌存在，但對於是否將耶穌視為生命的救主，仍持觀望態度。

　　受洗，讓我們的信仰立場不再模糊。它是清楚堅定的信仰告白，也是新生命的起跑點。信而受洗也是聖經的教導：

「你們每一個人都要悔改，並且要奉耶穌基督的名受洗，好使你們的罪得到赦免，你們就會領受上帝所賜的聖靈。」（使徒行傳2:38）

六、基督徒如何對祖先盡孝道？

　　台灣人重視祭祖，除了具有追思感謝祖先、延續家族傳統的意義外，也是在表達對祖先的愛——想要透過拜拜來供應祖先的需要。

　　其實，基督徒也很重視對祖先的追思及家族傳承，只是方式有所不同：

　　基督徒可以在禱告中紀念逝去的親人、在祖先墳上獻花致意，也可用蠟燭紀念，並為祖先舉行追思禮拜——傳述祖先的經歷、感念他們的作為，為祖先及家族獻上祝福禱告，祈求上帝看顧保守整個家族。

　　事實上，當基督徒在敬拜上帝時，就是在敬拜人類的源頭，這也是一種慎終追遠。

Q：沒有燒香、燒紙錢給祖先，祖先會不會挨餓？會不會不保佑子孫，甚至因此而懲罰子孫？

事實上，石器時代的祭祖，恐怕沒有燒香、燒紙錢這些方式。這些祭祖方式應該是在某個時代才流傳下來的，並不是自始就有。

如果祖先有能力保佑我們，還會需要靠我們提供的紙錢來應付每天的需求嗎？如果祖先愛家人，又怎麼會給家族帶來災難呢？

人想要跨越生死照顧過世的祖先，他們不見得收得到，也不見得真的有幫助；但我們若能將祖先交託給掌管生死的上帝，反而比交給我們自己照顧更為周全。

Q：如果親人無法諒解基督徒不拿香祭祖這件事，怎麼辦？

求上帝賜給我們剛強、仁愛與自制的心，並且能在這些時刻作美好的見證。

有些基督徒祭祖時雖然不拿香，卻願意去幫忙準備及收拾祭祖的東西。當別人拿香祭拜時，他就為祖先和家族禱告。面對家人的不諒解，一律以愛來面對；平日盡心孝順父母，關心家族，疼愛家人。經過時間的考驗，多數人最後能獲得家族的接納；甚至，從完全不被接納到最後整個家庭都成為基督徒，也是教會中常有的見證。

Q：如果我為了家族的和諧，選擇拿香，但拿香時不是將祖先當作神明在祭拜，而是拿香禱告，求上帝看顧祖先和家族，這樣，會不會被上帝懲罰？

　　上帝最在乎的是我們的心。當我們盡最大的努力後，祂會用愛與憐憫賜下平安。

💟 向家人表白信仰的案例 💟

　　阿南出身傳統家庭，家族從未有人信主，鄉里間甚至流行一句俚語「信基督教，死後沒人哭」（台語）。父母對於基督教向來不友善，深怕子女接觸西方宗教後會忘記祖先。

　　阿南北上念書之後，有機會認識基督徒。後來，也隨著基督徒朋友走進教會，三十五歲那年接受洗禮，卻一直沒有勇氣向父母秉報此事。

　　兩年後某日返鄉，爸爸拿香要阿南跟著祭拜，阿南只好向爸爸表白已經受洗的事實。

　　爸爸當場勃然大怒。

　　但是，阿南沉著溫和地請父親先不要急著動怒，請父親回顧一下：兩年來這個兒子是比以前更體貼孝順，或者更不孝？在待人處世上是更成熟，或者更退步？

　　阿南講完，爸爸沉默了好一會兒，表情漸顯柔和，然後拋下一句話：「隨便你啦！」

從此，爸爸不再要求阿南敬拜神明或燒香祭祖，似乎也就接受兒子信主這件事了。

　　第一代基督徒的信仰能否被家族接受、祝福？關鍵往往不在於我們當下如何解釋，而是透過時間的檢驗，我們呈現出來的處世態度是更美善，或者更糟糕？

研修筆記

2 禱告，上帝有在聽嗎？

　　小美第一次來教會參加禮拜，在電梯口看到一句話：「禱告，可以改變一切！」

　　小美心裡想：「真的嗎？那我也要努力向上帝禱告，來改變我現有的處境。」

　　禮拜時，聽到司禮長老在台上的禱告，心頭一驚：「哇！長老的禱告詞簡直像是一篇典雅優美的文章，那些詞語我根本講不出來！」

　　回家後，心情不好想要禱告，卻發現除了廁所，家裡好像沒有一個安全、安靜的空間可以禱告。可是，在廁所禱告可以嗎？

　　躲進廁所後，心頭沉甸甸地不知道該講些什麼，甚至只講出主耶穌三個字之後，眼淚就簌簌地掉下來了，講不下去了。

　　有時候，小美雖然向上帝說了不少話，但是好像也沒聽到上帝回應她什麼。

　　小美覺得人生好難，禱告也好難……。

一、什麼是禱告？

禱告，就是與上帝說話。

當我們害怕、憂慮、充滿感謝，甚至委屈、憤怒的時候，我們都可以來和上帝講講話。

既然是與上帝說話，就不單是自言自語，不妨在禱告之後留一點時間安靜，聽聽上帝在你心裡有什麼提醒。

二、該怎麼禱告呢？

禱告很簡單，不需要什麼特別的形式，就是誠心地、誠實地對上帝講話。

走路的時候、煮飯的時候、等紅綠燈的時候、被太太罵的時候、小朋友在吵的時候，無論什麼時間、什麼狀況，我們都可以禱告。

曾經，有一位主內姊妹懷孕期間很不順利，經常需要送急診安胎，這位姊妹說：「每次等候急診時，我總是慌

張到只能不斷地默念『主耶穌救我』，根本想不出其他的禱告詞……。」

其實，單純五個字「主耶穌救我」，也是禱告。

禱告，不一定要長篇大論，也不必一再重複。因為，早在我們禱告之前，上帝就已經知道我們的需要了。

「你們禱告的時候，不可像異教徒那樣重複沒有意義的話。他們以為只要長篇大論，上帝就會垂聽。不可像他們那樣。在你們祈求以前，你們的天父已經知道你們所需要的。」（馬太福音6:7-8）

> **Q**：別人的禱告都很順暢、優美、內容豐富，我卻講不出什麼，怎麼辦？

順暢優美的禱告，可能是多年與上帝談心後的成果，初信者不必為此感到壓力，也不用在意自己講得斷斷續續。因為上帝都會懂，也不會因此對你扣分！

在上帝面前，也不用刻意包裝掩飾什麼，其實祂全都知道。

資深基督徒的禱告，通常包括感謝讚美、認罪、為自己祈求及為別人代禱，所以聽在初信者耳中，會覺得很豐富。不過，只要是出自真誠的禱告，都會蒙主垂聽。

　　聖經裡有一卷書《詩篇》，內容幾乎都是禱告詞。另外，馬太福音六章9-13節是耶穌親自教導門徒的祈禱文。這些，都可以作為初信者學習禱告的參考。

　　「因此，你們要這樣禱告：我們在天上的父親：願人都尊崇你的聖名；願你在世上掌權；願你的旨意實現在地上，如同實現在天上。賜給我們今天所需的飲食。饒恕我們對你的虧負，正如我們饒恕了虧負我們的人。不要讓我們遭受承擔不起的考驗；要救我們脫離那邪惡者的手。」

（馬太福音6:9-13）

Q：有時候，難過到講不出話來，也不知道如何禱告，怎麼辦？

　　心情紛亂無法禱告時，也可以藉由唱詩歌向上帝述說心情。連詩歌也唱不出來的時候，其實什麼都不用做，在

上帝面前靜靜地流淚，也是一種禱告。在上帝面前，聖靈也會為我們禱告。

　　聖經說：「同樣，我們的軟弱有聖靈幫助。我們原不知道該怎樣禱告；可是聖靈親自用言語所不能表達的歎息為我們向上帝祈求。」（羅馬書8:26）

> **Q**：如果我心情很糟，完全講不出感謝讚美的話，甚至還有一肚子的抱怨、疑問想與上帝討論，怎麼辦？

　　那就老老實實地講述心中的委屈、疑問吧！

　　甚至，當我們難以寬恕時，也可以在神面前承認軟弱，求神給予我們能寬恕的心。

　　在上帝面前，誠實、誠懇比什麼都重要。

三、禱告的環境與姿勢

Q：電影裡，常見主角獨自在教堂裡雙手合掌閉目跪禱，模樣敬虔專注。禱告，都要這樣嗎？

安靜的獨處空間可以幫助我們把紛亂、遊蕩的心思收回來、避開人們的目光壓力、避開手機等等的干擾，讓自己可以自在親近神，想哭就哭，想笑就笑，這是最理想的。

但如果環境不允許，在任何場域只要能專注，都可以成為禱告的空間。

Q：在髒亂的環境裡，也可以禱告嗎？

上帝無所不在，並不受環境所限。在任何地方，都可以進行禱告。

曾有一位師母說，會躲在浴廁裡禱告的人，通常是信仰在家裡受到逼迫，或者遭遇很大的苦難，需要找個可以躲藏起來的空間好好向上帝說話。遭遇這樣困境的人，仍如此迫切尋求神，上帝豈會因為空間的關係而拒絕垂聽？因此，在任何地方都可以勇敢禱告。

Q：雙手合掌禱告、閉目禱告、舉手禱告、跪禱，這些動作有什麼特別意義嗎？

這些動作都只是為了幫助自己能更專注。禱告時可站、可坐、可跪、可合掌、可舉手等等，有需要時睜開眼睛禱告亦無不可。

其實，比起姿勢，上帝更看重我們的內心。

四、如何聆聽上帝的聲音？

要預備好你的心，並且用信心來領受上帝話語。分心

或欠缺信心，都會讓我們無法將上帝的話語吸收進去。

禱告時手機響起，就去接電話；禱告中突然想起某個正在掛念的事，就急忙去處理；或者，在禱告的靜默時刻裡，心思不知不覺地飄遠了，還沒完成結束禱告就起身做起其他事來了……。這些，都是禱告中的攪擾。

曾有牧師分享，當他需要聆聽上帝聲音時，他會先沉思：我到底想告訴上帝什麼？我為何想要告訴上帝這些？然後，他會給自己一段完全安靜的時間，去沉思、慢走，並拒絕會客及接聽電話。

五、上帝一定會對我說話嗎？

有時，上帝會很快地在你心裡回應你，或在讀經時透過經文來對你說話；有時，上帝也會通過牧師講道、詩班獻詩、聖詩、弟兄姊妹或其他人來對你說話；有時，上帝會持續靜默。但祂也可能在靜默中，一步步將你引導到可安歇的溪水邊。

而在那段靜默又難耐的路程裡，讓你學習等待、順服、謙卑、同理受困的人，也認識神的信實。

有些人的經驗是，禱告一段時日之後，雖然並沒有感覺神對他說了什麼，但心裡會漸漸浮起決定的方向，或者心裡產生平安或不安的感覺，於是就順著那方向走或趕快轉向。

其實，上帝未必在每件事上都會特別顯明祂的心意。只要我們的抉擇沒有悖離聖經的教導，上帝的恩典總是能蓋過人的錯誤。

在進行重要決定時，我們難免會緊張、擔心：我沒有聽到上帝的聲音，我有走在上帝為我預備的道路上嗎？其實，只要我們一心尋求上帝，就算走錯了，上帝仍然會牽引祂的子民回到祂的旨意中。因為上帝看重人願意依循祂旨意的心，更甚於人能否測度祂所預備的路徑。

「上主看顧敬畏他的人；他看顧仰賴他慈愛的人。」（詩篇33:18）

「你們應該一無掛慮；要在禱告中把你們所需要的告訴上帝，用感謝的心祈求。上帝所賜那超越人所能理解的

平安，會藉著基督耶穌，保守你們的心懷意念。」（腓立比書4:6-7）

六、蒙上帝悅納的祈求

聖經裡，有不少關於祈求的故事，我們可以從中認識上帝的本性與蒙上帝喜悅的祈求心態：

1. 亞伯拉罕的祈求

所多瑪、蛾摩拉是兩個惡貫滿盈的城市，上帝聽見許多指控的聲音，決心調查這兩座城市。亞伯拉罕知道後，擔心上帝會毀滅全城，因此，為著城裡的人向上帝代求。他向上帝說：「祢一定不會把無辜者和有罪的人一起殺掉，如果城裡有五十個無辜的人，求祢饒恕這城。」上帝應允了，可是亞伯拉罕仍不安心。他戰戰兢兢地再求問：「如果只有四十五個無辜者，祢會為了少五個人而毀滅全城嗎？」上帝說，如果有四十五個無辜者，祂也不會毀滅全城。亞伯拉罕繼續求，如果只有四十個、三十個、二十

個、十個呢？上帝最後承諾，如果只有十個無辜者，祂也不毀滅這城（參創世記18:16-33）。

整個過程中，亞伯拉罕雖是得寸進尺地和上帝討價還價，而上帝似乎也一步步地遷就。因為上帝本來就充滿憐憫、不輕易發怒，祂願意給子民悔改的機會；而亞伯拉罕在祈求的過程中也是充滿耐心與信心，他總是謙卑懇切，而且是無私地為著別人的利益代求，也就感動了本性慈愛的上帝。

2. 所羅門王的祈求

有一天，上帝在夢裡向所羅門王顯現，問他：「你要我賜給你什麼？」所羅門王的回答是，求上帝賜給他善於分辨的心，能判斷是非，好治理上帝的子民。這樣無私的祈求，深得上帝的喜悅，上帝對他說：「因為你沒有為自己求長壽，求財富，或求消滅敵人，卻求明辨的智慧，好公正地治理人民，我願意照你所求的給你。……」（列王紀上3:11-12）

如果我們為著能在上帝所賜給我們的職分上善盡責任而禱告，是蒙上帝悅納的。

3. 瑪拿西王的祈求

　　瑪拿西是猶大國的君王，他曾做了許多讓上帝憎惡的事，還誘使百姓跟著作惡，也不聽從上帝的警告。後來，上帝施行管教——差遣亞述帝國的將領來捉拿瑪拿西，用銅鍊將他擄至巴比倫。在痛苦中，瑪拿西謙卑地向上帝認罪懺悔、祈求幫助。上帝也應允了他，使他能返回耶路撒冷繼續作王。從此，瑪拿西敬畏上帝（參歷代志下33章）。

　　這個例子顯示：不論一個人過往有多壞，只要願意真心悔改，上帝都接納。

七、禱告，真能帶來改變嗎？

　　有人認為，反正所有的事情上帝都早已決定，所以禱告不會改變事情的結果，禱告只是改變自己面對這件事的態度。

　　也有人認為禱告是大有能力的，透過禱告我們能改變很多事情，甚至能改變上帝。

其實，禱告常常是改變我們自己，這並沒有錯；但聖經裡面也有非常多的記錄，上帝透過成全禱告來做很多奇妙的事情。

所以，禱告不是我們去提醒上帝，而是上帝感動我們去做的。上帝感動我們去禱告，然後上帝又透過我們的禱告來改變事情的結果。

有人說：真正的禱告是會帶出行動的，不是帶出上帝的行動，就是帶出自己從上帝而來的行動。

八、禱告常見的問題

1. 不禱告

人們很容易在日子順遂時，就忘記上帝。或者，覺得事情沒什麼大不了，自己解決就好，不用麻煩上帝了。

其實，日子順利時，要記得謝恩禱告。心裡頭有愁煩、面對待處理的事務，無論是大是小，都是上帝所關心的，也都可以放在禱告中。

禱告，不見得都是在向上帝祈求什麼；禱告，也可以

是和上帝分享心情，一如與好朋友分享一般。

聖經說：「在盼望中要喜樂，在患難中要忍耐，禱告要恆切。」（羅馬書12:12）

2. 禱告流於形式

有時，固定內容的禱告（例如主禱文、謝飯禱告），我們容易因爲熟悉而流於形式，變得有口無心。

所以，我們需要時時留意：禱告是經驗練就出來的反射動作，或者是很認眞地在向神說話？

3. 貪心妄求

我們禱告時，求什麼都可以，但不能悖離聖經的教導。若貪心妄求，或祈求做壞事不被發現、處罰，這些都無益於屬靈生命，上帝不會答應這樣的禱告。

聖經說：「你們求仍然得不到，是因爲你們的動機不好；你們所求的不過是要揮霍享樂罷了！」（雅各書4:3）

4. 沒信心的禱告

雖然有在禱告，也不是妄求，但根本不敢期待禱告

會帶來什麼改變，這樣的禱告因爲缺乏信心，就會變得很沒有力量。例如，每次禱告就是唸幾句，唸完自己也忘記了，不會去注意上帝到底有沒有成全我們的禱告。

當我們發現自己雖然有在禱告，卻是處在一種很沒信心的狀態裡，這時我們也可以針對自己的軟弱、缺乏信心來向主求。

馬可福音中，就有這麼一段對話——

耶穌說：「你說『你若能』，其實有信心的人，什麼事都能！」孩子的父親立刻大聲喊：「我信，但是我的信心不夠，求你幫助我！」（馬可福音9:23-24）

九、為什麼有時努力禱告卻沒有蒙應允？

要先分辨，禱告的內容是否妄求？我們是否缺乏信心？

另一方面，也有可能是上帝有其預備的時間，我們需要耐心等候。或者，上帝另有奇妙的安排。

當我們熱切渴望成就某件事時，很容易只見到當下內

心的強烈需求，卻無法從長遠的眼光來判斷這件事對自己生命成長的利弊。但是，我們的天父卻有不一樣的視野，祂知道什麼樣的安排是對我們最好的。例如，實力未到位卻渴求能考上第一志願的學校，倘若這樣的禱告蒙應允，後續的學習路程可能備極辛苦，甚至挫折連連。

有時候，我們也容易定睛在尚未蒙應允的事情上，而遺忘了許多曾經順利蒙應允的事。

或許，不妨寫下每天的禱告日誌，幫助我們數算曾經蒙受的恩典，這些也可以在我們信心軟弱時化為我們的強心劑。

「上主說：我的意念不是你們的意念；我的道路不是你們的道路。正如天高過地，我的道路高過你們的道路；我的意念高過你們的意念。」（以賽亞書55:8-9）

十、為什麼基督徒在禱告結束時總說： 「禱告是奉耶穌的名求，阿們！」

耶穌是我們與上帝之間的中介者。我們能來到天父面

前，並不是靠著自己的能力，乃是靠著耶穌的名，靠著耶穌的權柄。

奉耶穌的名，也代表我們願意尊重和順服耶穌，不是都按照我們的想法。奉耶穌的名求，讓我們的禱告可以蒙上帝垂聽。

「你們奉我的名，無論向我求什麼，我一定成全。你們若愛我，就要遵守我的命令。」（約翰福音14:14-15）

「阿們」，就是誠心誠意地贊同以上所述。

💜 王牧師的經驗分享 💜

祈禱是幫助我們減少懼怕最好的方法。

我通常會教導準備接受手術治療的病人這樣祈禱說：「上帝啊！我明天將要接受開刀治療。懇求祢讓我不害怕，知道祢一直在身邊看顧我。懇求祢牽著醫生的手，使這次的手術都會順利。謝謝祢。奉耶穌的名。阿們。」

💜 王牧師的見證 💜

我在台大醫院擔任住院醫師時，台大的安寧病房都是佛教的法師在關心，禱告室的傳道沒有機會進到安寧病房關心病人。於是，我們組了一個禱告會，替安寧病房禱告，希望能有機會進去傳福音或關心基督徒。

我們一個月禱告一次，想不到越禱告越沒有力

量，大家感覺禱告會的目標不清楚，維持幾個月後就禱告不下去，於是禱告會就關門了！

那時我很失望，為什麼會這樣呢？上帝為什麼不聽我們的禱告？我們不是已經透過禱告來到上帝面前、尋求上帝的心意嗎？

那時我不清楚明白上帝的心意是什麼。後來奇妙的事情就開始發生：台大醫院的安寧病房向來是由家醫科管理，一年後我成為家醫科住院醫師，因此有機會進去安寧病房照顧病人。我在那裡和安寧病房的同仁有很好的互動，甚至住院醫師訓練結束、去讀神學院之前的幾個月，病房也繼續介紹病人給我關心。

之後，我漸漸遺忘這件事。直到有一天，我在花蓮牧會時，讀到一篇台大醫院禱告室牧師的文章。在這篇文章中，他分享在安寧病房的事奉，也先提到我們當初那個很快就停掉的禱告會，雖然他沒有參與在其中，但他知道曾有一個禱告會在替安寧病房的事工禱告。

不知是不是我那時在安寧病房的事工還算有好的

見證，慢慢地這位牧師就有一些機會能進到安寧病房探訪，也漸漸得到安寧病房的肯定，甚至後來還能對安寧病房的醫護人員上課。

當我讀到這些事情時，我非常感動：其實上帝有聽我們的禱告！雖然我們禱告的信心不夠，甚至把禱告會也停掉了，但上帝還是憐憫，聽我們的禱告。在祂的時間、祂的計畫裡面，先引導我進入安寧病房，後來又引導禱告室的牧師繼續這個事工，慢慢打開安寧病房的大門，讓福音與平安能進入那個地方。

雖然我們所禱告的事情是這麼困難，禱告許久也不一定有看到什麼效果，甚至我們自己都放棄了，但是在上帝那裡都有記錄，每一個禱告上帝都記得。

所以，我們禱告的時候，要堅定信心。用這樣有信心的禱告，來領受上帝的恩典！

「你們應該一無掛慮；要在禱告中把你們所需要的告訴上帝，用感謝的心祈求。上帝所賜那超越人所能理解的平安，會藉著基督耶穌，保守你們的心懷意念。」（腓立比書4:6-7）

研修筆記

3 聖經讀不下去，怎麼辦？

　　小美工作、生活都不順心，在好友小佳的邀約下，走進教會參加禮拜。

　　教堂的環境，讓她產生寧靜的感覺；優美的詩歌，讓她充滿感動；牧師的講道，一再安慰她的心。

　　次日，她決定上網選購一本聖經，才發現：原來，聖經有好多版本啊！匆匆詢問了小佳，就選購了小佳所使用的版本。

　　書到後，才知聖經挺沉重的，內容有一千多頁，文字看來也算白話，但讀起來卻是似懂非懂。

　　頓時，小美感覺人生好難，讀經也好難。開始疑惑：基督徒參加禮拜聽牧師講道就好了，為什麼還需要讀聖經？閱讀聖經有特別的方法嗎？或者，讀聖經有沒有橋梁書？讀不懂時，該怎麼辦？

一、聖經是什麼？

　　聖經，記載上帝的話語，是教會及基督徒生活的最高指導原則，也是基督徒屬靈生命的糧食。

　　聖經分為：舊約和新約。舊約是以色列民族的故事，講述上帝原來和人的約定；新約則是耶穌的故事，講述上帝如何藉著耶穌更新和人的約定。整部聖經是以耶穌為核心：舊約預言耶穌的到來，新約則敘述耶穌的生平、門徒傳播耶穌的道及救恩。

二、為何基督徒需要讀聖經？

　　基督徒經由聖經建立自己的信仰，使信仰生命得以成長。

　　聖經裡充滿上帝的恩典、憐憫、勸勉、安慰與盼望。如果我們持續讀聖經，就能體會與領受來自上帝的安慰與力量，幫助我們勝過眼前的苦難；也會領受上帝的提醒與責備，幫助我們在個性、信仰和各方面成長。

　　基督徒既稱為基督的門徒，就需要透過讀聖經，去學習耶穌的言行，活出基督的樣式。

　　「全部聖經是受上帝靈感而寫的，對於教導真理、指責謬誤、糾正過錯、指示人生正路都有益處，要使事奉上帝的人得到充分的準備，能做各種善事。」（提摩太後書3:16-17）

　　Q：基督徒參加禮拜，聽牧師講道就好了，為何要讀聖經？

　　牧師的講道是將上帝的話語做更清晰的解釋，也將經文與現實生活做連結，幫助會眾了解如何活出信仰。因為清晰易懂，會眾很容易在當中得到提醒、安慰與造就，對於信仰的理解及實踐當然有助益。

　　但是，牧師講道往往有其主題，不見得能遍及全部的聖經章節，難以瞭解聖經全貌，而且牧師講道難免有其個人的觀點和詮釋的角度。

　　初信者從聽講道開始認識信仰，無可厚非。然而，基

督徒若想全面堅立自己的信仰，還是應該親自閱讀第一手的上帝話語，而非單單仰賴牧師消化後的聖經信息。

再者，牧師講道也需要合乎聖經，不能悖離聖經內容。如果聽道者本身不讀聖經，而對於牧師講道內容照單全收，其實也是一件危險的事。

Q：基督教書房裡有一些靈修書籍，比聖經容易閱讀，可否用以取代聖經？

靈修書籍對於初信者是有幫助的，可以藉由這些書籍幫助自己親近、理解上帝的話語。

但是，靈修書籍裡的文章也是別人挑選過、消化吸收後整理出來的心得，不是原始資料，難免會有作者自己的看法，而非原汁原料。

如果想要更完全地認識上帝，還是要親自讀一讀上帝自己的話語──聖經，而不是單單閱讀別人眼中的上帝。

三、讀經的方法

1. 讀經前先禱告，求神開啓我們的心眼，帶領我們了解上帝的話語

讀聖經，不是在看小說，也不是在吸收知識而已。讀聖經很需要來自上帝的感動，透過聖靈的引導，來思考經文與自己的關係。

2. 閱讀經文兩次或更多次，朗讀或用聽的也可以

3. 讀完全章經文後，回想該章的主題或找出其中的金句（經典經文）

也請默想經文中是否有：

（1）上帝的誡命或值得學習的典範。

（2）需要避免的罪惡、過犯。

（3）上帝要賞賜給我們的恩典與安慰。

4. 禱告回應上帝

可以感謝上帝，也可以告訴上帝你的感動或疑問。還

可以求上帝幫助你，將經文放在心上。

四、讀不懂時，該怎麼辦？

　　讀不懂的地方，可以暫時略過。也可以查考研讀本聖經中的注釋，或上網找相關講道或經文解釋（例如：台灣聖經公會聖經網站http://cb.fhl.net/、信望愛信仰與聖經資源中心網站https://bible.fhl.net/index.html）。基督教書房或教會圖書館也有靈修書籍，或聖經各卷的注釋書可供參閱。

　　對於經文有疑惑時，不妨參考不同翻譯版本的中文聖經、英文聖經，亦可參考較白話的現代中文譯本。不同的譯本可能會讓你對於同一段經文產生新的體會與理解。

　　網路上國際讀經會台灣總會莊育銘牧師每日解經影片，是以經卷為單位逐章逐節進行講解，也是值得參考的資源。當然，也可以直接向牧師、主日學老師或弟兄姊妹請教。平時，若能邀請（或接受邀請）弟兄姊妹一起讀經，互相討論，對於經文的理解也會有不少的幫助。

　　還有一個重要的方式是直接禱告詢問上帝，上帝會藉著聖靈的感動，幫助我們理解祂自己所啟示的聖經。

五、讀經容易犯的錯誤

讀聖經，就好像是基督徒在吃屬靈的糧食。關於屬靈的飲食，常見的問題是：

1. 沒吃——

因為沒有人教、沒有人引導、太過忙碌或是讀不懂，導致沒有讀聖經。

【建議】：如果覺得聖經很難懂，不妨從《詩篇》或《約翰福音》開始。也可以使用一些靈修材料，例如《新眼光讀經》、《少年新眼光讀經》、《荒漠甘泉》、《靈命日糧》等，幫助我們建立讀經習慣。

這些靈修材料，也可說是聖經的橋梁書。通常，它們會幫讀者訂出每日的讀經進度，且每日的進度都會有一篇淺顯易讀的對應文章來詮釋其中的金句，幫助讀者理解經文中的深刻意涵。

若能邀伴一起讀經（面對面或電話中皆可），然後彼此分享禱告，對於讀經習慣的養成會很有幫助。

2. 偏食——

只讀容易看的或是自己喜歡的經卷。

如果只有讀聖經中的一部分，而忽略其他，就很容易因為對聖經欠缺全盤認識，而產生解釋或認知上的錯誤。

【建議】：最好要有一個完整的計畫，慢慢照主題或一卷一卷讀下去。不妨利用「讀經表」（教會有自訂的讀經表，也可在網路上下載聖經公會的年度讀經表），按進度讀經，就可以避免偏食的習慣。

3. 吃太多卻沒行動——

讀進很多聖經知識，卻沒有將它實踐在生活裡。甚至，因為知識帶來的驕傲，阻礙了學習與成長。

【建議】：要作行道的人，不能只作聽道的人。

4. 幫別人吃——

替別人讀聖經，總是拿聖經的話來檢討別人。例如，看到聖經說「多言多語難免有過」，然後就想著：「是啊，某人就是話太多了，才會常出差錯。」卻沒有用聖經來反思自己。

【建議】：要為自己讀聖經，不是為別人讀。

5. 為特定目的而猛吃——

例如，不知道要不要投資、轉業，為了特定目的而去翻找經文，這樣的讀經方式容易扭曲經文或以偏概全。

【建議】：平時就要好好吸收養分，不要臨時強力進補，以免消化不良。

六、讀經容易遇到的困境

1. 讀不懂之後，就懶得再讀了

其實這是很可惜的！前面有介紹很多幫助我們理解聖經的做法，另外我們也可以求上帝幫助我們。

有些版本的聖經附有圖表、地圖、註解及簡單的導論，可以幫助我們理解聖經。若還是看不懂，可以先略過，等有機會再請教別人。或者，選用適合自己的靈修書籍，按著靈修書籍的每日進度對照聖經來閱讀。靈修書籍中的文章，常將經文與生活結合，淺顯易懂，會有助於理

解經文內容，也可以養成讀經習慣。

2. 視力不佳，閱讀辛苦

　　年長的弟兄姊妹若視力不佳，閱讀有困難，也可以購買大字版的紙本聖經或選擇聽網路上的有聲聖經。若聽過卻來不及吸收消化，也可以反覆播放或調整播放速度。

3. 走走停停

　　有些人心情不好時，才想要讀聖經。或者，一口氣讀很多，但十天半個月才讀一次，讀經狀況斷斷續續，忽冷忽熱。

　　每天要讀多少進度，可以視個人時間、精神狀況而定。若因為有特殊事故，以致當天無法讀經趕上讀經進度，也不必苛責自己，日後狀況好時再填補進度即可。但是，無論進度多寡，持之以恆是很重要的。

　　「一個人，走得快；一群人，走得遠。」讀經也是同樣的道理，如果有固定的讀經夥伴，或參加查經班、成人主日學，對於養成讀經習慣是有幫助的。

七、為什麼聖經有許多不同的版本？

舊約聖經是以希伯來文及少許的亞蘭文寫成，而新約聖經則是以通用希臘文（Koine Greek，不同於現代或古典希臘文）寫成。

除了熟悉聖經原文的學者外，一般人對於這些語言大多很陌生，為了使所有基督徒都能明白上帝話語，因此聖經原文需要被翻譯成各國語言，甚至是各民族的語言，例如：阿美語聖經、魯凱語聖經。

由於語言、文字會隨著時代而演變。為幫助當代人容易理解上帝的話語，於是在不同時代也會出現不同的聖經譯本。例如：1919年和合本聖經及2010年和合本聖經（和合本修訂版）。

另一方面，有些譯者強調字句和語法上的忠實，偏向直譯；有些譯者著重語意上的忠實和譯文的流暢度，偏向意譯。因此，同一種語文也會出現不同的聖經譯本。

八、常見聖經版本介紹

1. 和合本修訂版（香港聖經公會）

現在中文聖經的第一選擇，2010年才出版，翻譯兼具典雅及易懂。

2. 新標點和合本（聯合聖經公會）

過去中文聖經的第一選擇，翻譯典雅，只是偶有容易誤解或看不懂的地方，為華人基督教界最通用的聖經版本。

3. 現代中文譯本（聯合聖經公會）

為較白話的聖經翻譯版本，淺顯易懂，但篇幅較長，各卷均有簡單介紹，適合初信者或常看不懂和合本的人。

4. 現代中文譯本研讀本（台灣聖經公會2019年出版）

聖經經文外有簡單注釋，也有許多圖表、地圖及導論等，配合現代中文譯本，適合初信者及想認真研讀聖經的人。

5. 聖經新國際版研讀本（更新傳道會1996年出版）

聖經經文採用和合本，經文外有許多詳細注釋，採福音派立場，也有許多圖表、地圖及導論等，適合想認真研讀聖經的人。

6. 現代台語譯本漢羅版（台灣聖經公會2021年出版）

較白話的台語翻譯版本，適合習慣台語的基督徒，有漢字和羅馬字對照。

九、讀經的恩典

讀經，是基督徒與上帝的約會。它是一種靈裡的休息——將煩惱、憂愁、罪惡卸下，輕鬆地來到上帝面前，看看上帝今天要對我們說什麼話。

不見得每一次的讀經，都會得到很大的感動，但是養成讀經的習慣，對於生命的成長絕對有益處。因為，出於上帝的話，沒有一句不帶能力的（路加福音1:37，和合本）。上帝會藉著聖經，醫治和更新我們的生命。

4 教會是什麼？

牧師說：「因為禮拜堂屋頂漏水，需要進行大規模整修，將借用附近活動中心舉行禮拜，為期半年。」

小美問牧師：「什麼時候我們要開始過沒有教會的生活？」

牧師：「我們下個月開始暫停禮拜堂的使用，但教會都一直存在，不會受影響。」

小美心想：「禮拜堂不就是教會嗎？牧師到底在說什麼呀？」

後來，在一次聚會中大家問及整修的經費。長老說，這是一筆很大的負擔，需要會眾一起來奉獻。

小美靈機一動，當眾提議：「我們可以將高額奉獻者的名字刻在禮拜堂的牆面上，鼓勵大家踴躍奉獻。」

但長老搖搖頭，沒說什麼。當下，竟然聽到旁邊阿珠傳來竊笑聲。

小美不服輸地補了一句：「很多學校、機構、宮廟都是這樣做，這招效果真的很好。」

但是，長老淡淡地說：「這與聖經教導不符。」

這下子，阿珠笑得更大聲了，讓小美很想找個地洞鑽進去。

不久，小美參加同事小華的結婚禮拜，發現他們的
禮拜堂建築新穎，聖歌隊歌聲優美，牧師妙語如珠，接待
者也很親切，又想到那天被阿珠公開嘲笑的糗事，心想：
「這應該是個很棒的教會，或許我應該離開原來的教會，
轉換來這裡會比較快樂……。」

一、「教會」是什麼？

我們常說：「禮拜天要去教會。」感覺上，「教會」好像是一個地方。

也有人說：「在我最艱難的日子裡，教會給我很多的幫助。」感覺上，「教會」又像是一群人。

那麼，「教會」究竟是什麼？

教會並不是指一座建築物，而是指一群連結於耶穌的基督徒。當一群基督徒聚在一起傳講、聆聽、學習、實行、見證上帝的話語，就形成「教會」。

所以，即便只是幾個基督徒聚集在某位弟兄姊妹家裡或在公園的某一角落，一起查經、分享心得，也算是「在教會裡」。例如耶穌復活升天以後，他的跟隨者在信徒家中聚會，當時並沒有禮拜堂，卻不影響他們形成了初代的教會。

相對地，如果一座建築物掛上十字架、也被命名為禮拜堂或教堂，卻沒有基督徒聚集在一起敬拜、傳講及實踐上帝的話語，它就不是「教會」。

因此，教會就是基督徒的信仰群體，每位基督徒都是教會的一部分。

二、教會不是一般的社團，教會必須連結於基督

　　「教會是基督的身體。」（以弗所書1:23） 而基督就是教會的元首（參以弗所書1:22，5:23）因此，教會不是一般的人民團體，而是以耶穌基督爲中心的信仰團體，也唯獨耶穌是教會的頭——教會眞正的領導者既不是牧師，也不是長老執事，而是耶穌基督。

　　教會的價值觀、做事方式需要以耶穌的教導爲依歸，而非隨從於社會的主流價值。並且，教會所有工作的推動也必須連結於基督信仰，而不是想做什麼就做什麼。否則，一不小心就可能出現利用社群優勢追求營利、權力或謀圖方便等情事，例如在教會辦產品說明會、推銷保險、吸金活動等。

三、「教會是基督的身體」是什麼意思？

1. 教會必須連結於耶穌基督

既然要連結於基督，就必須專心聽基督的話語和想法，因此宣講上帝的話、聆聽上帝的話及遵行上帝的話就是教會極重要的事。神學家加爾文認為這是教會重要的記號，也因此教會禮拜都會有講道。

講道所看重的是能否純正地宣講上帝的話語，而非講者能否妙語如珠。

事實上，在每一場講道中講者及聽者都有其責任。如果會眾的期待是輕鬆有趣、高潮迭起，對於忠實講道就可能形成挑戰。因此，會眾也需要用願意聆聽的耳朵來支持講員忠實傳講上帝話語。

2. 教會靠基督彼此連結

成為基督徒以後，我們都是上帝的兒女，彼此間也是兄弟姊妹，教會就是我們屬靈的家。即使每個地方的教會有不同的禮拜方式、不同的文化、使用不同的語言，都還

是信仰同一位主，同為耶穌的身體。因此，教派間、信徒間應該要彼此幫助、彼此饒恕，互相關懷及鼓勵。

關於合一，聖經是這樣教導的：

「你們要謙遜、溫柔、忍耐，以愛心互相寬容，以和平彼此聯繫，盡力保持聖靈所賜合一的心。」（以弗所書4:2-3）

「惟有一個身體，惟有一位聖靈，正如上帝呼召你們來享有同一個盼望。惟有一位主，一個信仰，一個洗禮。」（以弗所書4:4-5）

> **Q**：基督教裡有許多不同的宗派，在宗派之下又有許多教會。但聖經強調，教會是基督的身體，而且身體只有一個。那麼，教會到底是一個，還是多個？

歷世歷代各地方都有教會，而這許許多多的教會共同組成「普世教會」，普世教會就是基督的身體。所以，教會的概念既是單數，也是複數。無論是長老教會、浸信

會、靈糧堂或其他教派，只要連結於基督，都和我們同屬基督的身體。因此，「教會」是由歷世歷代全世界的基督徒合一而成的。

<hr>

Q：為何基督教分成好幾種宗派？

就好像同屬一個家庭的兄弟姊妹，仍然有不同的個性和專長，同信耶穌的教會也因一些細節看法的不同及一些歷史因素，而分為不同宗派，各有其特色。

以洗禮為例，有些採行浸禮（如浸信會），有些採行點水禮（如長老教會）。

以組織體制為例，有採「主教制」，由主教做決策；有採「會眾制」，重大事項由會員大會決定；有採「長老制」，由會眾選出長老，再由長老們共同決策。

以禮拜為例，有些是以講道為中心（如長老會）；有的以聖餐禮為中心（如天主教）；也有以信仰體驗為中心（如一些靈恩教會）。

除了不符合聖經眞理的異端之外，無論是什麼宗派，普天下的基督教會所信靠的都是同一位上帝，也同爲肢體，應彼此尊重。

3. 教會必須跟著耶穌去關懷和服務，做耶穌所做的事

耶穌基督在世上傳揚天國的福音，關懷身邊有需要的人，教會作爲基督的身體，也當如此行 —— 跟隨基督走出教會，向世人傳揚天國的福音，也用愛去關懷有需要的人，甚至爲此受苦。

四、教會的功能

教導上帝的話語、一起**敬拜**上帝、弟兄姊妹彼此關懷**團契**、對外**傳揚**福音及**事奉**，是教會的五大功能。而這五大功能都是爲了幫助弟兄姊妹在家庭、社群、職場活出基督的樣式，並宣揚基督的救恩。

因此評估教會有沒有發揮該有的功能，並不是單以聚會人數的多寡、會衆的社經地位、教堂設施、奉獻金額、

音樂事奉的水準等來認定，而是以信徒在各自的家庭、職場、社群能否活出基督徒的生命作為判斷。例如，弟兄姊妹面對生活挑戰時，能否持守聖經教導？遇到困難、軟弱、痛苦時，會彼此關懷嗎？發生衝突後，能否彼此原諒？教會有沒有幫助弟兄姊妹勇敢傳揚福音、領人歸主？教會是否幫助兄弟姊妹走出教會，去關心、服務社會上有需要的人？

五、完美的教會？成長中的教會？

有些人剛來到教會，覺得氣氛很棒，大家也很友善，就按時來參加禮拜。但一段時日後，興奮就漸漸消退。當被邀請參與事奉、聚會時，開始覺得有壓力；與弟兄姊妹近距離互動後，想像隨之破滅；一起同工時出現誤會、衝突等，就開始對教會失望，覺得教會沒有想像中的完美。

有些人會因此轉換教會。可是，不管到哪一個教會，待久了就發現：好像沒有完美的教會。

因為只要願意信靠耶穌，任何人都可以進入教會。所

以,教會是一群屬基督的人,而非一群聖人。教會存在各式各樣的人,我們一定會遇到非我族類,在相處時也難免會產生不一樣的意見,甚至可能因為他們的言行而受傷。

不僅我們所身處的教會如此,當年耶穌身邊的核心門徒,也是形形色色。那些門徒中,有當稅吏斂徵同胞錢財的(馬太)、生命遭受威脅就不敢認老師的(彼得)、彼此爭權想作頭的(參馬太福音20:20-28)……。正因為人的罪行及軟弱,所以我們都需要耶穌。

透過耶穌的教導,馬太、彼得的生命更新了。同樣地,進入教會後,通過耶穌的教導、醫治與安慰,我們的生命也會不一樣。基督徒聚集在一起,不只是同屬性的人互相取暖,也要學習接納不一樣的弟兄姊妹,練習愛與饒恕的能力,而基督徒的生命就在這些淬鍊中不斷地經歷更新與成長。

六、教會與社會的關係

　　每一位基督徒，都是來自於社會，也很難自外於社會。當世界的價值與聖經教導相悖時，基督徒該如何自處？

　　耶穌希望我們依照上帝的話語在社會中生活，不要隨從於邪惡的世俗潮流。祂也深知這並不容易，因此祂在離世前為門徒禱告，祈求上帝能幫助門徒勝過世界：「我把你的信息給了他們；世人卻憎恨他們，因為他們不屬於這世界，正如我不屬於這世界一樣。我不求你從世上把他們帶走，但我求你使他們脫離那邪惡者。正如我不屬於世界，他們也不屬於世界。求你藉著真理使他們把自己奉獻給你；你的話就是真理。正如你差遣我進入世界，我也差遣他們進入世界。」（約翰福音17:14-18）

　　耶穌在世上所傳揚的信息，與當時猶太社會的主流思想不同，也與我們今日世界的主流價值有別。然而，耶穌並不是要我們用出世的方式來保持信仰的純淨，反而是差遣我們帶著信仰走進世界，去影響世界。

所以，耶穌所期待的教會，也不是基督徒關起門來相互取暖的社群，而是能將愛延伸到社群之外，讓背負勞苦重擔的人有勇氣加入的團體。

♥ 案例 ♥

1914年第一次世界大戰在歐陸如火如荼地展開。

那年12月24日上午，在比利時戰區的英軍與德軍自發性地停止武裝攻擊行動。中午過後，德軍就地取材地做出聖誕裝置，並以德文頌唱聖誕歌曲歡慶耶穌降生。接著，英軍陣營也用英文吟唱出同樣的曲目⋯⋯。

在歌聲中，兩軍走入彼此的戰區，高聲互祝聖誕快樂，戰士們還以身邊僅有的物品作為聖誕禮物彼此交換。

隨後，在神父的帶領下，一起悼念捐軀同袍並記念耶穌基督的降生⋯⋯。

來自交戰國的基督徒放下武器，一起聆聽神父傳講上帝的道，也吟唱詩歌回應。

這一刻，他們因著耶穌而彼此相愛，在主裡合一，也讓戰場上出現了「教會」。

5

該怎麼融入教會生活呢？

　　小美來教會已經三個月了，雖然按時參加禮拜，也會讀經、禱告，但對教會還是很陌生。

　　牧師曾經引介幾位姊妹與小美認識。

　　這些姊妹熱情地邀請小美參加團契、小組，但小美不熟悉這些組織的運作，也懶得下班後再出門，所以遲遲未參與。之後，她看到這些姊妹也只是揮揮手、點頭微笑而已。

　　最近，小美發現自己看不懂經文時，不曉得找誰討論；禱告的熱情也大不如前；遇到困難時，沒人知道，也就沒人關心。

　　小美覺得很孤單，開始懶得去教會。

一、基督徒需要參加聚會、融入教會嗎？

聖經上說：「不可停止聚會，好像那些停止慣了的人，倒要彼此勸勉，既然知道那日子臨近，就更當如此。」（希伯來書10:25，和合本修訂版）耶穌也鼓勵門徒要彼此相愛。祂說：「如果你們彼此相愛，世人就會知道你們是我的門徒。」（約翰福音 13:35）

基督徒遇到困難時，不應該獨自面對，而是要將痛苦卸在上帝面前，並且與弟兄姊妹一起分擔，由信心堅強的人來幫助信心軟弱的人，實踐彼此相愛的誡命。

事實上，一個基督徒若是離開其他的基督徒，要維持好的信仰也幾乎是不可能的。因為當我們遇到困難、生病、疑惑，若沒有人知道，也沒有人關心支持、替我們禱告時，我們很容易因為靈裡軟弱、心裡孤單挫折，而漸漸失去對信仰的熱情。

所以，基督徒的信仰生活，除了個人的讀經、禱告及參加禮拜外，還需要融入教會這個屬靈的大家庭中，與弟兄姊妹彼此相愛。

二、參加聚會，是融入教會的重要方法

教會中的聚會，除了主日禮拜外，還有禱告會、團契、小組、主日學（成人主日學、青少年主日學、兒童主日學）、聖歌隊等。

參與這當中的任何一種聚會，都可以幫助我們融入教會這個大家庭，與弟兄姊妹彼此生命連結。

三、聚會，都在做些什麼？

1. **禱告會**：每週定期聚會，有詩歌敬拜、信息分享，為國家、社會、教會及個人禱告。

2. **主日學**：由老師依主題每週授課或查經，弟兄姊妹參與聽課及分享，著重在信仰知識的學習。

3. **團契、小組**：每月或每週定時聚會，弟兄姊妹一起唱詩歌、分享上帝的話語，也分享生活點滴，彼此代禱，著重在信仰生命的交流。

團契或小組也會不定期舉辦旅遊、聚餐等團康活動,促進聯誼。

　　通常,團契、小組都是以年齡或家庭結構來分組。所以,成員的同質性較高,話題也容易相通。

　　小組一般是個人參加,但親子的小組,可以家庭為單位參加。所以當大人互動時,孩子們也彼此聯誼。

Q：每個人各自親近上帝就好,為什麼還要聚在一起呢?

　　耶穌曾應許我們「因為,凡有兩三個人奉我的名聚集的地方,我就在他們中間。」(馬太福音18:20)當我們奉耶穌的名聚在一起時,耶穌會與我們同在。

　　而且,聚會時所領受的恩典,常常不同於個人親近主時所領受的。

　　聚會時,我們禱告的詞語、溫柔的微笑、體貼的問候,甚至是單純的握手、擁抱……,都可能會激勵某個人的信心。

這是一個真實的案例：

某日，教會來了一位新朋友。她是一位滿面愁容、生活可能很辛苦的姊妹。這位姊妹自從第一次來到教會後，就持續來參加禮拜。

牧師娘也好奇，就詢問她持續來教會的原因。

她靦腆地告訴牧師娘：「我第一次來這裡參加禮拜那天，妳在禮拜結束時，握著我的手，還拍拍我的肩膀，對我說：『下次還要再來喔！』」

她又說：「從來沒有人像妳這樣對待我……」

雖然，每個主日牧師娘都是用同樣親切的方式對著往來的會眾進行寒暄，然而，這個看似平常的動作卻安慰、鼓舞了一位長期被忽略的姊妹！

上帝可能在每一次的聚會中，藉由我們去安慰弟兄姊妹；也可能透過弟兄姊妹來安慰我們。

而在群體的禱告中，當我們將各自的軟弱、需要提出來，相互禱告時，會牽動彼此的愛心，也會連結彼此的生命。

特別是當現實的困境把我們打擊到幾乎不想禱告、沒有力氣禱告時，就很需要弟兄姊妹用群體的禱告幫助我們走過低谷。

Q：我可以只參加禮拜，或只參加團契、小組，不參加禮拜嗎？

　　禮拜，重在親近上帝，領受上帝話語；聚會，重在弟兄姊妹聯誼，交流信仰生命。兩者都很重要。

　　在人數眾多的教會，因為禮拜前後人群移動熙熙攘攘，大家很容易只是交錯點頭而已。如果只參加禮拜而沒有參與其他聚會，就很難與弟兄姊妹有真實的互動。

　　相對地，若不參加禮拜，只參加團契、小組，有時會缺乏敬拜和上帝的話語，而傾向只是交際聯誼，也可能只認識團契或小組的成員，而容易忽略自己是屬於整體教會的一分子。

Q：我曾經參加過小組聚會，發現其他組員彼此間都已經很熟絡，我顯得很生疏，他們講的人事物我都不認識。他們問我的個人問題，我也不知道要如何回答會比較安全？

　　新成員初加入群體，難免會覺得緊張、陌生，這是正常的。一回生、二回熟，多參加幾次聚會就會漸漸熟絡了。剛開始，如果不想透露太多個人訊息，不用勉強。當彼此熟悉信任，感受到善意之後，就自然願意被了解。

　　如果一段時間後還是覺得難以融入，不妨讓小組長或牧師知道，由他們來幫助你。

四、小組、團契生活的基本原則

1. 彼此相愛，也接納彼此的家人。體貼每個人的處境，不論斷、不比較。

2. 真誠分享生活中的喜樂、憂愁、受傷與渴望，也彼此守密，不對外傳講聚會中所聽聞的個人隱私。

3. 用愛心說誠實話，彼此規勸、勉勵、饒恕，一起行在真理中。

4. 彼此服務、看重聚會，不隨便缺席，並且盡力配合教會選立的小組長、團契會長，也學習彼此順服。

5. 對於具爭議性、對立性的議題，願意以禱告來代替爭辯。

6. 不借貸、不作保、不標會，也不私下募款：有經濟上困境時，可提出來彼此代禱，但除非弟兄姊妹主動幫助，否則應避免金錢上的互動。若有救濟上的需要，則由教會依相關程序進行處理。

7. 禁止利用教會情誼推銷各類商品（如直銷、保險、各項投資等）。

8. 彼此關懷、互動及探訪，但應注意和異性之分際，避免不當的單獨私下接觸。

五、參加聚會常見的問題

1. 沒有連結於主（勤聚會，少靈修）

聚會時只是在聊天、聯誼，並沒有一起來到上帝面前禱告、讀經，使得小組聚會或團契與社會上的一般社團沒什麼差別。

這種現象，平常看來或許還好，但遠離上帝遲早會發

生問題。因為教會裡有各式各樣的人，如果沒有以聖經的教導作為共識、沒有謙卑在上帝面前，我們很容易將社會上的互動模式帶進聚會中，當彼此意見歧異時，就容易產生爭論或嫌隙，導致有人心裡受傷，甚至不歡而散。

【解決之道】：如果每一位弟兄姊妹都能常常親近耶穌，聚會時也用聖經經文來彼此安慰、造就、鼓勵，耶穌就能透過我們的靈修、讀經或主日講道來提醒犯錯的人，也醫治受傷的人，使我們能彼此寬恕、和好。

2. 互相比較與輕視

我們都是不完全的人，總會存在人性上的軟弱、自私與驕傲，在聚會時就會產生比較與輕視等問題。

【解決之道】：如果我們能理解所有的弟兄姊妹都是同屬於耶穌的，我們因著耶穌彼此連結成一體，就能摒除狹隘的比較、競爭心理。

每個來到教會的人，無論在外面的頭銜如何，在教會裡彼此的身分關係就是單純的弟兄姊妹，就像是身體中的不同肢體一般，每位弟兄姊妹都不一樣卻也同等重要。教會是一個連結於基督的生命共同體，任何弟兄姊妹的受

苦，就是整個教會的受苦；任何弟兄姊妹的快樂，也是整個教會的快樂。

　　或許，在社會上人們容易關注具優勢地位的人。但在教會中，我們卻需要對弱勢的弟兄姊妹投注更多的關心。

　　「身體上那些似乎比較軟弱的肢體，更是我們所不能缺少的。在我們的身體上，那些看來不太重要的部分，卻是我們所特別愛護的。那些不太好看的部分尤其為我們所關注。」（哥林多前書12:22-23）

3. 只有少數人參與事奉

　　當教會的事奉和服務的工作集中在少數人身上，就會讓有些人因為事奉過多而人仰馬翻；也有些人總是享受服務，卻沒有學習付出，甚至埋怨自己不在核心當中。

　　【解決之道】：教會是我們屬靈的家，每個成員都應該盡量參與在這個大家庭的事奉中。你可以接受邀請而參與事奉，也不妨主動向教會表示參與的意願。我們會在事奉中更加熟識彼此，也會在參與中成長。

4. 受到別人的傷害

教會不會拒絕任何人，所以各樣的人都可能存在於教會中。可是，眾多不一樣的人聚在一起，就難免會有無法相互適應的地方。再者，教會裡每一個人都是罪人，而非聖人，在罪惡之中也會彼此傷害。所以，在教會裡面受傷也是有可能會發生的。

【解決之道】：當我們在群體中，發現自己的愛心、耐心用完了，我們可以來到耶穌面前，懇求耶穌賜給我們饒恕的力量、寬容的力量，讓我們可以同理對方的處境，也看見彼此生命中的缺乏。

另一方面，我們也需要學習用愛心誠實地說出內心的委屈，不誇張、不曲解，也不敲鑼打鼓，誠懇地給彼此溝通的機會。

當我們的傷痛被理解及接納時，傷口就會有癒合的可能，我們也才能赦免傷害我們的人。

5. 肢體間沒有互相連結（不聚會）

不參加聚會、經常缺席，或者連續缺席幾次之後，就不好意思再來，以致與弟兄姊妹關係疏離，遇到困難時，

就覺得孤單無助，在信心上也容易倒退。

　　基督徒離開信仰，大多不是在一夕之間，而是在失去肢體互動中一天天地偏離。

【**解決之道**】：教會的聚會時間、地點都會刊登在週報上。如果不知道自己適合哪個團契或小組，可以請牧師引薦。如果覺得小組或團契的屬性不適合自己或時間上有困難，也可以向牧師尋求幫助或轉換，不要因此默默退出或拒不參加聚會。

💜 融入教會案例 💜

小慧剛到教會時，除了帶她來教會的同事外，誰也不認識。

她第三次來到教會時，正好是復活節前夕，教會在週報上徵求六個家庭來幫忙製作彩蛋。牧師娘說，教會會準備六十份鴨蛋、玻璃彩紙、復活節貼紙給願意幫忙的家庭，每個家庭只要繳回五十份完整的彩蛋即可。

小慧心想，藉這個機會教五歲的女兒奇奇水煮鴨蛋、包裝鴨蛋，也不用擔心煮壞了的問題，應該是件很有趣的事。於是，她自告奮勇向牧師娘報名，也興奮、順利地完成了任務。

因著這個機緣，小慧認識了牧師娘。而牧師娘也鼓勵小慧將奇奇帶到幼兒主日學上課。

由於接送奇奇上下課，小慧認識了幾位幼兒主日學的家長。這些家長彼此間經常互約一起帶小孩去戶外活動，小慧全家受邀參加了一、兩次幼兒家庭的出

遊活動後，就和大家打成一片了。

　　彼此熟絡後，小慧開始和大家交流生活中的難題，舉凡育兒、婆媳、空間收納、家事分配……等。這些弟兄姊妹們不僅傾囊相授，還會為小慧代禱、用聖經經文鼓勵小慧。之後，他們邀約小慧夫妻參加小組，小慧夫妻也欣然接受了。

　　就這樣，因著熱心及願意敞開，小慧就在不知不覺間融入了教會這個屬靈的大家庭中。

小組生活案例

　　阿嘉和小莉帶著幼兒，辛苦創業。

　　初期，兩人經常在工作上意見不合，熱戰、冷戰不斷。但是，住家就是辦公室，幼兒也離不開身，怨懟的兩人整天都在同一個空間裡，彼此都有一種無處可逃的無奈。

　　還好，每週的小組聚會讓他們可以離開悶了一週

的住家，孩子也有玩伴，可說是全家人透氣喘息的機會。

聚會時，大家會一起唱詩歌、分享經文，然後邊吃點心邊聊近況。

輪到各家分享生活時，一臉愁苦的小莉會說出近日的景況，甚至將積存在心中一週的怨懟講出來。

這時，姊妹們聆聽小莉流淚訴說苦水，弟兄們則為辛苦創業的阿嘉加油打氣。

大家也順勢分享各家夫妻相處上的磨合經驗、對應招數，也會不時抖出一堆笑話。

聚會結束時，每個家庭輪流將心中的感恩或負擔講出來，大家一起在耶穌面前為這些事獻上禱告。

每一次，阿嘉和小莉都是愁著一張臉來聚會，散會時卻是因為大家的歡聚而一掃陰霾。

這樣的景況，雖然經常反覆，卻也因為阿嘉、小莉總是敞開心懷講出困境，帶動了其他弟兄姊妹跟著將生活中的愁雲慘霧拋出來分享，增進了彼此的關懷及代禱。每當困境改善或有欣喜感恩事項時，大家也

會一起歡呼、謝主隆恩！小組因為這樣而凝聚出超強的革命感情。

有好吃好玩的，大家會相邀一起分享；有痛苦辛酸的，大家也會陪著流淚禱告、接力相挺。甚至，各家的孩子也親如兄弟姊妹，還會經常寄宿在彼此的家中。整個小組就像是個同歡喜、共患難的大家庭。

幾年下來，大家發現，在看似勇敢積極的背後，其實每個人都有各自的軟弱及艱難，都需要上帝的憐憫與恩典。上帝透過每一次的聚會，讓弟兄姊妹彼此安慰、扶持。

現在，孩子漸漸懂事了，阿嘉、小莉的事業在神的祝福下度過一次又一次的難關，夫妻兩人的感情也在小組的守護中逐漸修補、回復。

一路走來，阿嘉小莉見證了上帝的恩典，而他們的真誠分享也為小組帶來了祝福。

進修筆記

6 該如何傳福音？

　　小美上完學道班後，牧師邀請小美在受洗當天向弟兄姊妹作見證。

　　小美不好意思拒絕，但心裡很忐忑：「過往的生命充滿破碎，我要作什麼見證呢？我口才不好，容易緊張，膽子又小，我哪敢在眾人面前見證？」

　　另一方面，小美也很困惑：「為什麼基督徒這麼熱衷傳福音？傳福音，一定要講述自己的故事嗎？」

　　正當小美還在困惑猶豫時，小組長熱情地向小美邀約：「妳要不要邀請家人一起來教會啊？」

　　小組長的提議，加深了小美的猶豫：「我連向家人傳福音都有困難，我能向誰傳福音呢？」

一、為什麼基督徒熱衷傳福音？

每個基督徒，都有一段自己與耶穌相遇的故事。

這個故事有時起源於一段傷心往事：病痛、挫敗、破碎的自信或人際關係，因著耶穌的幫助，病痛得醫治、傷痛得安慰、生命更成熟穩定、能用新眼光來看待自己。

當生命改變之後，自然會想要將這樣的好消息傳達給自己所愛的人，希望他們的生命也能經歷耶穌的幫助。這是基督徒喜歡向周遭人傳福音的主要原因。

另一方面，耶穌升天前曾給門徒一個大使命，要他們去各地傳福音，使萬國萬民都成為祂的門徒。

「所以，你們要去，使萬國萬民都作我的門徒，奉父、子、聖靈的名給他們施洗。」（馬太福音28:19）

由於歷代的基督徒遵行了這個使命，所以福音被一代代地傳遞下來。一百多年前，馬雅各、巴克禮、馬偕等宣教士不遠千里來到台灣傳遞福音，我們才有機會認識耶穌。

因此，基於愛、使命及感恩，基督徒總是喜歡向人傳講耶穌。

二、如何傳福音？

傳福音的方式主要有這幾類：

1. 將基督信仰的主要內涵，分享給別人聽

例如講述創造主上帝的愛，耶穌十字架的救贖及復活，將生命交託給耶穌等等。

初信者用這種方式傳福音，難度比較高，建議可結伴為之。

Q：如果傳福音時被問倒了，怎麼辦？

如果對方對基督教的教義有高度的興趣，不妨引薦對方認識牧師，由牧師來解說。

Q：如果對方口才比我好，但對基督教有誤解，怎麼辦？

　　盡量維持好的態度，避免陷入言詞上的爭辯。我們謙和的回應態度，往往比辯論更容易說服人。我們的說明即便當下無法讓對方立即接受，也可能留下美好的印象，仍是有價值的。

2. 分享個人生命的見證——耶穌如何改變我的生命

　　面對面述說自己的生命故事，是最鮮活的見證，也最容易感動人心。

Q：我口才不好，要如何作見證？

　　我們作見證之前，一定要為自己禱告，求聖靈與我們同在，賜下感動與能力，好讓我們知道要如何傳講。也要為對方禱告，求聖靈在對方心裡工作，好讓對方有柔軟的心接收信息。

　　不要害怕！當我們在為耶穌作見證時，不是只有自己孤單一人，而是聖靈與我們一起，聖靈會賜給我們口才、能力，讓我們知道該說些什麼。

　　準備見證時，不妨回憶自己如何認識耶穌、曾在什麼景況下感受到耶穌的同在、為什麼願意信耶穌、自己信主前後生命的改變，將這些整理出來，分成幾段來講述。

　　如果口述見證容易緊張，也可以先將見證寫成文字稿。

Q：我覺得自己的生命乏善可陳，雖然認識耶穌令我欣喜，但我仍然不想向別人述說破碎的過往，怎麼辦？

　　感動人心的見證，往往是一段從破碎到癒合的歷程。述說自己破碎的過往，確實需要很大的勇氣和醫治。

　　但是內心的傷痛經歷上帝的醫治之後，我們就會有勇氣回首面對，甚至樂意向人述說這當中的奇異恩典。

　　如果還沒有預備好也不用急，不妨先將這些事放在禱

告中，求上帝帶領。

Q：我可以援用別人的生命故事來傳福音嗎？

如果別人的生命故事已在公開場合傳講或已出版，我們可以引述；如果對方只是在小組、團契聚會時分享，爲了尊重當事人隱私，一定要經當事人同意才可傳講。

3. 活出美好的生命特質，讓人從我們身上認識基督信仰

美好的生命特質，例如仁慈、公義、謙卑、陪伴受苦的人、對有需要的人伸出援手等等，這些特質有時候比用嘴巴傳福音更加有吸引力。

一個人願意走進教會，往往是因爲感受到基督徒的愛，或者周圍的基督徒活出美好的生命特質吸引他，讓他也渴望成爲這樣的人，而不是已經熟悉明白教義。

伸手去幫助有需要的人，也會使對方在愛中認識、認同我們的信仰。

早年宣教士來台灣從事醫療、救助工作，受幫助的人當中有人因此信主，也有人仍未信主。但是，宣教士展現的謙卑、仁慈，形成台灣人對基督信仰的集體印象，讓基督教能在台灣持續扎根，也幫助許多傳統信仰的家長能接受他們的後代成爲基督徒。

4. 分享福音傳單

分享教會贈閱的《耕心週刊》或福音傳單也是一個很好的傳福音方式。雖然不知道這些傳單會被多少人認眞閱讀，但上帝可以奇妙地使用這些傳單，讓傳單上的文字感動正在人生關卡中受困的人，讓他們看到盼望。

因此我們在分享傳單前，也需要好好禱告，求上帝使用它們來祝福人。

5. 直接邀請對方參加教會聚會或活動

在我們關心、陪伴對方一段時間後，不妨先爲對方能來教會進行禱告，然後適時邀請對方來參加福音禮拜、福音聚會或節慶活動（例如復活節、聖誕節等），讓他們直接接觸教會。

三、傳福音常見的心理障礙

1. 我對聖經不熟，不敢傳福音

　　傳福音，不一定需要很懂聖經。關懷、陪伴、為對方禱告、發福音傳單、講述自己生命的見證……等等，不需要動用很多聖經知識。

　　如果會膽怯，不妨和弟兄姊妹結伴傳福音。

2. 我很忙，沒有時間傳福音

　　上班時在職場上關心同事，下班時在家裡照顧家人，甚至善待外籍移工，都是無聲無息地向世人述說我們的信仰。

　　如果我們平時友善待人，獲得信任與敬重，當我們邀請對方來認識耶穌或向他們講述見證時，就容易被接受。

3. 我怕被嫌煩、被討厭

　　傳福音需要真誠地為對方的益處著想，用對方可以接受的方式，而不是無論如何就是要塞給對方，或者急於與對方爭辯。

回想一下，當初是誰帶你來教會的？你覺得他很煩嗎？或者，你對他充滿感謝？他是用什麼方式幫助你信主？你在他身上看到了什麼？也許，你可以複製這個成功感動你的傳福音方式。

4. 我不知道該怎麼起頭

如果心中有感動，想要向某個人傳福音，請多關心對方，並為對方的需要及信主代禱。

遇到適當的機會，就向對方分享自己的見證或邀請對方來參加教會活動，也可以送福音傳單或刊物給對方。

5. 我怕受挫、被拒絕

傳福音，是上帝的計畫，我們不過是參與其中而已。

一個人能不能來信主，是上帝在引導及承擔，不需要把它當成自己的成就或失敗。對方拒絕福音，不等於對方拒絕你。

傳福音就像是接力栽植的事工，有人播種、有人澆灌，但使植物成長的是上帝。在傳福音的過程中，我們會經歷上帝的作為，觀看到上帝如何讓一個人信主。

　　這是長期的工作，不容易一次到位，過程需要很多努力。不用急，只要盡心盡力就好，上帝自有祂的安排及時刻。

　　「因為，上帝所賜給我們的靈不使我們膽怯；相反地，他的靈會使我們充滿力量、愛心，和自制。因此，你不要把為我們的主作證當作一件羞恥的事，也不要因我為了主的緣故成為囚犯而覺得羞恥。你要按照上帝所賜的力量，為福音分擔苦難。」（提摩太後書1:7-8）

四、接受教會傳福音的訓練課程

　　教會有時會開設一些傳福音的課程，教導弟兄姊妹如何領人信主或關懷新朋友，這是學習傳福音的好機會。

　　即使沒有機會上這類課程，若是能實際跟隨牧師或弟兄姊妹去傳福音、探訪需要關心的人，也是一種訓練。甚至，更容易在其間獲得感動與領悟。

五、如何向家人傳福音

向家人傳福音，往往比向外人傳福音更難。因為家人看盡我們的喜怒哀樂，了解我們的愛恨情仇，不容易因我們講了什麼教義或道理而被感動。能夠感動家人的，往往是我們的行為。

因此，想要向家人傳福音之前，必須要善盡家庭責任、看重彼此的關係，用愛來見證信仰。

如果與家人的關係曾有裂痕，先求上帝修補、縫合，讓家人看見自己信主之後生命的改變，才有辦法邀請他們來認識耶穌。這是一個以生命影響生命的過程，很需要耐心，特別需要持續禱告。

很多剛信主的基督徒，他們開始參加教會活動時是遭受家人反對的。但經過一段時間，家人發現他們的生命有美善的改變，就會開始認同基督信仰，甚至被他們的改變所感動，而願意跟著來認識耶穌。

♥ 案例 ♥

　　林姊在社區媽媽讀書會裡認識小琪。

　　小琪雖定時參加讀書會，但她很沉默，所以林姊和她不熟。

　　有一天，小琪帶著特地從台北南下的媽媽來教會參加禮拜，碰巧遇見了林姊。林姊熱絡地問候小琪和媽媽是不是第一次來參加禮拜，只見琪媽瞬間眼眶轉紅，憂心地說，自己已經信主了，但是很掛心這個嫁來遠方的女兒……。這時，連小琪的眼眶也紅了。

　　林姊實在不好意思追問怎麼回事，為了安慰憂心的琪媽，當下承諾願意陪伴小琪認識耶穌，讓耶穌來幫助小琪。

　　林姊買了一本《為自己祈禱》的小書送給小琪，和小琪約定每週見面一起讀這本小冊子。

　　小琪總是準時地赴約。但是，她始終靜默，除了憂傷的眼神，還是沒有透露發生了什麼事。

　　於是，每一次的陪伴，都是林姊用自己的故事

來解說書中的文章。林姊希望藉由分享自己的生命故事，和小琪拉近距離。

所幸，小琪愛聽故事。於是，林姊每讀一單元，就分享一個自己的故事。林姊講了大約十幾個故事後，小琪竟然說，她要受洗了！

林姊始終不知道小琪發生了什麼事、為什麼願意受洗，只知道在這之前，琪媽曾向小琪傳福音，經常為她流淚禱告，還有一些弟兄姊妹曾經為小琪的信主盡上心力。

我們往往不知道關懷、陪伴或向人傳講耶穌，能有什麼成效，但是，只要我們願意擺上，上帝就會在這當中行奇妙的事！

 王牧師的見證

　　我高中時代開始讀聖經，聖經中的保羅書信一再強調傳福音的使命，讓我覺得像是個重擔一樣。

　　有一次我讀完聖經之後，感覺到壓力很大，就跟上帝禱告說：「我真的不會傳福音，壓力很大，但我擺上一顆願意的心，就請上帝自己帶領。」

　　沒想到幾天後，竟然有同學主動跑來問我信仰的問題。這簡直是上帝將人引導到我面前，讓我向他傳福音。

　　本來我以為傳福音就是要好好的規劃和預備，然後去找一個人把福音傳給他。結果不是，反而是上帝把人帶到我面前。

　　我才理解：傳福音並不是我們自己得做這個做那個，一定要如何如何，而是我們有願意的心，參與在其中，我們就可以看到上帝的作為超越我們的想像。

進修筆記

7 疼惜受苦的人

　　小美發現社會上有許多從事弱勢關懷的機構，原來都是基督徒所設立的，其中包括殘障關懷、移工關懷、受暴婦女關懷、監獄關懷……等。

　　她很好奇：基督徒專心敬拜上帝、傳福音就好，為什麼還要花時間、動用資源特別去關懷這些人？難道那些受刑人、穆斯林移工真會因為這樣而信主？

　　小美的牧師也常在講道時提醒會眾，基督徒應該要去關懷、陪伴身邊受苦的人。小美每次聽到這樣的提醒，就覺得很有壓力——關懷、陪伴是吃力不討好的事啊！她曾經去關懷遭遇家變的朋友，卻碰得一鼻子灰，讓她心灰意冷，實在不知道要如何關懷！

一、為什麼要從事關懷事工？

　　基督徒確實需要好好地敬拜上帝、傳福音。但是敬拜上帝，不是只有主日禮拜在教會裡獻唱詩歌而已。上帝所喜悅的敬拜，是在真實的生活中行公義、好憐憫、存謙卑的心，與上帝同行。傳福音也不只是發傳單或口說而已，真正的傳福音是能讓對方感受到基督的愛。

　　如果基督徒能心存憐憫，對受苦的人伸出援手，讓他們感受真真實實的愛，才是在生活中敬拜上帝、在生活中傳福音。

　　在基督信仰的誡命中，最重要的除了要愛上帝之外，還要愛鄰人如同愛自己一般。這些，甚至比獻祭給上帝更為重要（參馬可福音12:28-34）。

　　「我該帶什麼禮物來見上主呢？我該怎樣來敬拜天上的上帝呢？我帶最好的小牛作燒化祭獻給他嗎？上主會喜歡我獻上成千隻的公羊，或上萬道河流的橄欖油嗎？他會喜歡我獻上長子來替我贖罪嗎？不！上主已經指示我們什麼是善。他要求的是：伸張正義，實行不變的愛，謙卑地跟我們的上帝同行。」（彌迦書6:6-8）

二、我們應該關懷哪些人呢？

耶穌在世間除了傳道、醫治之外，也親近那些受苦、被歧視、被遺棄的人們。因此我們的關懷，除了醫療、救濟、援助之外，也包括陪伴受苦、被遺棄的人。

因此基督徒關懷的對象不只是一般所謂的弱勢族群，也包括在各種情境裡被忽略的人。例如：教會中陌生、落單的新朋友，班級或職場中人際關係比較不好的人等，他們都是特別需要陪伴的人。當我們走過他們身邊時，是否也願意停下來關懷他們？

因為我們每個人的能力和時間是有限的，難以去關照所有受苦的人，所以耶穌強調我們要去愛鄰人。

所謂的「鄰人」，就是來到我們面前的人。不論是親自來到我們的面前，或是透過新聞、網路得知的消息，當上帝讓我們看到他們的需要，他們就是我們屬靈的鄰人，也是我們要關懷的對象。不論他們是否為基督徒，或者他們接受福音的可能性如何，我們都應該關懷他們。

因此，基督徒的關懷有兩類：

1. **社會關懷**：例如難民、身心障礙、在不公義的制度下受
   苦的人……等。如果他們在我們身邊，我們當然可以對
   他們作個人關懷；如果他們不在我們身邊，我們可以關
   心、聲援；也可以用奉獻來支持相關救助機構的事工，
   或為他們禱告，求上帝看顧他們。

2. **個人關懷**：關心、陪伴、救助身邊受苦的人，也為他們
   代禱。

> **Q**：如果好友遭遇重創，很需要陪伴關懷、認識上
> 帝，但我們相隔遙遠，我該如何幫助他？

　　如果無法親身陪伴，可以透過通訊方式陪伴、為對方
代禱。如果對方願意，也可以聯繫當地教會，請當地教會
就近關懷、陪伴。

三、該如何從事個人關懷？

關懷並不容易。除了要有憐憫及耐心之外，也需要勇氣、技巧和智慧。有時候低調地協助日常事務，例如幫忙照料三餐、接送小孩、陪同就醫等等，會比詢問原因、了解近況、提供意見更容易被接受。

甚至安靜陪伴、接納受苦者的情緒，也是一種關懷。

Q：我曾經試著關懷罹患重病的朋友，但對方的回應卻很冷，讓我感覺很尷尬、受傷，該怎麼辦？

自己的善意被拒絕，當然會產生尷尬、受傷的感覺。這時，不妨透過禱告向上帝訴說委屈，求上帝醫治因著善意帶來的傷痛，幫助我們接納對方的軟弱及情緒。

當我們體會到上帝願意接納我們的軟弱及不可愛時，我們就比較能學習接納別人的軟弱及不可愛。

傷痛被醫治之後，才有勇氣重新出發，繼續付出關懷。

Q：如果教會內的弟兄姊妹表示他有經濟上的困境，我是不是應該直接給予金錢救助？

愛心若牽扯到金錢的幫助，非常需要有智慧。愛不是沒有原則，完全滿足別人的需求有時並不是愛。給錢也不一定能解決問題，有時反而造成依賴，製造更多問題。因此，牽扯到金錢的部分，不妨先將對方的需要反映給教會，了解狀況、徵詢牧者甚至社工的意見，再作回應。

若是因為特殊事故導致的急難，除個人奉獻外，也可以循教會相關急難救助機制處理。

Q：我不知道能夠為對方做些什麼？

也許，我們直接問對方：「我能為你做些什麼？」

耶穌在面對失明的街友時，就是這樣直接地詢問對方的需要（參路加福音18:41）。

弄清楚對方的需要及自己能配合的程度，如果自己力有未逮，也可以回應給教會，尋求更多的援助。

即便無法給予立竿見影的援助，但陪伴及代禱本身就是很實質的幫助，這是可以做到的。

> **Q**：我曾經善意提供意見，卻引發對方的不耐煩。難道，提供意見不適當嗎？

有時候關懷者一味地提供意見，對於正在受苦的人反而形成負擔。所以，提供意見前需要先思考：對方需要意見嗎？對方想聽我們的意見嗎？關懷其實不見得一定需要給予意見，有時候單純傾聽和陪伴反而是更好的關懷。

當對方想聽我們意見的時候，也要特別去體貼對方的處境，考慮對方的生活背景、個人能力及信心等。我們可以真誠反思：如果這個建議套用在自己的身上，真的行得通嗎？然後再進一步的思考：對我們行得通，但對方行得通嗎？有時即使我們曾有類似的經驗，也不見得適用於對方。

Q：關懷探訪時，我不知道該說些什麼？

探訪之前，建議先好好禱告，尋求聖靈的引導。可以準備適當的經文，用上帝的話語來安慰、鼓舞對方；也可以分享見證，提振對方的信心。

有時候，我們只是安靜聆聽對方的苦痛、拍拍對方的肩膀、握著對方的手，但在聖靈的同工下，都可能帶來安慰的力量。

在探訪結束之前，不妨誠懇地帶領對方進行禱告。

曾有一位姊妹，被託付去長照中心探訪病友。行前，得知對方是因為遭遇意外而長期癱瘓且無法言語的中年弟兄，她非常緊張，不知道該如何安慰這樣受苦的人。她為此禱告，求神與她同行。

到了長照中心，她先微笑和那位陌生弟兄打招呼，然後詢問對方：「我可以為你禱告嗎？」對方點頭表示同意。

禱告完畢後，她說：「我為你唱首詩歌，好嗎？」對方再度點頭表示同意。

　　於是，她將手機拿到對方眼前，開始唱起詩歌。沒想到，那位弟兄竟然泛著淚水努力地跟著哼唱，雖然他已經無法正常發聲……。

　　探訪的姊妹說，上帝親自安慰了那位長期臥病的弟兄，也鼓舞了她自己。

四、關懷時需要留意的事項

1. 注意保護當事人的隱私。如果要提到週報或禱告會一起代禱，須先詢問當事人意見。
2. 不要隨意猜測受苦的原因，給當事人定罪。
3. 傾聽優先，提供意見前須先禱告尋求主的心意。
4. 不要談論是非或傳閒話。
5. 同理對方的處境，但不要輕易製造同仇敵愾的情緒。
6. 保持心理及身體的適當界線，避免不當的移情或依賴。關懷、陪伴，宜以同性別者優先。
7. 關懷前需要多禱告，尋求從上帝而來的智慧、勇氣及愛心。

8. 探訪時間不宜過長，特別住院期間探訪應簡短，讓病人
   能休息。

💙 案例 💙

　　小梅的先生在路上遭遇陌生人的突襲，當場死亡。消息傳來，大家莫不驚愕，心裡也不免詢問上帝：「為什麼會發生這樣的事？」

　　牧師在告別禮拜時，誠實地說：「我們不知道為什麼會發生這樣的事？」

　　牧師這番話，也是在向會眾示範：不要隨意猜測別人遭受苦難的原因，否則很容易造成對受苦者的二度傷害。

　　教會裡的姊妹輪番陪伴小梅，她們靜靜地守護她、陪她流淚。弟兄們則幫忙接送小梅的孩子上下學、為他們送餐。一位經營安親班的姊妹主動邀請小梅的孩子到班免費安親……。

　　在那段極不容易的日子裡，弟兄姊妹沒有多說什麼，他們只是為小梅代禱、與小梅同哀哭，也用最實際的行動分擔小梅無力承擔的日常，這就是最好的關懷。

8 要不要奉獻？
該如何奉獻？

　　小美記得第一次來到教會參加禮拜時，在牧師結束講道後不久，教會同工就開始傳遞「奉獻袋」。那時，司禮提醒大家說，如果還不明白奉獻意義的，請不要奉獻。

　　這一刻，小美覺得為難又疑惑。她直覺奉獻是應該的，也是件好事，但實在不太明瞭奉獻到底有什麼特別的意義。可是，看著前後左右的人紛紛投下早已準備好的奉獻信封袋時，為了避免尷尬，小美也就隨手掏了兩張紙鈔投入奉獻袋中。

　　雖然如此，但小美心裡還是一直掛記：「這樣的數額究竟符不符合『行情』啊？」

　　後來，聽說基督徒的奉獻是收入的十分之一，小美更加糾結：「這十分之一到底是如何計算的？萬一讓老公知道，他會不會和我吵架？為了達到十一奉獻，我是不是要停止其他的公益捐款？如果願意奉獻，但覺得十分之一實在很為難，怎麼辦？」

一、奉獻的意義

奉獻有三個意義——

1. 表達對上帝的感恩

如果沒有健康的身體，我們很難好好工作；如果沒有工作的機會，我們即便有才情也無處發揮；如果沒有聰明智慧，我們難以勝任工作。工作所需要的健康、機會與能力，都是上帝的恩典，不是自己能單獨掌握的。所以，我們將收入的一部分奉獻給上帝，來表達我們對上帝的感謝。

正如以色列的大衛王在預備獻聖殿給上帝時所說的：「我的人民和我實在不能獻給你什麼；因為萬物都是你所賜的，我們不過把屬於你的還獻給你。」（歷代志上29:14）

2. 支持教會

教會是我們屬靈的家，教會運作本來就需要經費。

舊約聖經記載，上帝指派利未支派的人專職從事聖殿

事工，也規定以色列其他支派必須奉獻十分之一來支持他們，因為利未人沒有自己的產業，也沒有其他收入。

今天，教會裡的牧師、傳道、幹事等，就好像是舊約聖經中的利未人，他們專職服事上帝，我們透過奉獻來支持他們的服事。

3. 關懷弱勢

根據聖經記載（申命記26:12），十分之一的奉獻除了給利未人之外，也用在照顧寄居的人和孤兒寡婦這些弱勢族群。所以，我們的奉獻不一定都給教會，也可以用在關懷弱勢，包括關懷弱勢的社會機構，或者我們自己知道的弱勢者。

二、奉獻的原則

1. 參考十分之一的原則

舊約聖經給以色列人收入十分之一的標準，是一個很好的參考。

Q：十分之一是如何計算的呢？是薪水，還是包含一切的收入？是稅前，還是稅後？

　　奉獻不是繳稅，不要把它當成是「每個月該繳錢給上帝的事」。收入的十分之一如何計算，不是重點；重點是我們的心，而不是奉獻的數字。奉獻的心態比奉獻多少還更重要，我們若是甘心樂意奉獻，上帝就會接納。

　　「所以，每一個人都應該按照自己的心願捐助，不猶豫，不勉強，因為上帝喜愛樂意奉獻的人。」（哥林多後書9:7）

2. 奉獻必須甘心樂意，不要勉強

　　上帝並不欠缺我們的供應。

　　奉獻，是感恩的行動，也是個人與上帝間的事。每個人依著自己的感動、心意與能力奉獻，不必和別人比較，也不要勉強。

　　如果我們的經濟狀況很不好，連日常吃飯都有困難時，不必有一定要奉獻到十分之一的壓力。不過，倘若個人願意憑信心仰望上帝，努力十一奉獻，也是件蒙福的美事，但不是用勉強的方式。

　　如果奉獻的金錢是屬於夫妻所共有的，還是要尊重對方的意願，最好是彼此甘心樂意再奉獻。

　　「如果你們真心捐助，上帝一定悅納；他要你們獻上你們所有的，而不是所沒有的。」（哥林多後書8:12）

　　有一位產科的護理師，因為需要獨自背負全家的經濟重擔，實在難以在金錢上做到完全的十一奉獻。於是，她除了奉獻部分金錢外，也透過專長去服事人，希望能為上帝做更多的工。只要她知道產婦回家之後不知道如何為新生兒洗澡、餵母乳有困難，就會在下班後徒步或請產婦的先生接她去產婦家幫忙、示範。

　　這樣的奉獻，雖然不是金錢上的十一，但她美善的心意及行動應該也是會蒙上帝喜悅的。

3. 建議奉獻給財務公開、有監督制度、有好好做事的單位

　　有些信仰團體或社會關懷機構打著信仰或扶助弱勢的名號，卻沒有認真在做事，甚至藉此斂財，因此我們應該要慎選奉獻對象。

4. 奉獻是給上帝，不是由任一教會或機構獨占

奉獻，並不是奉獻給教會，而是奉獻給上帝。

既然是奉獻給上帝，就未必是由特定教會或機構獨占全部的奉獻款，而是我們要按照上帝的旨意去分配奉獻，特別去幫助有需要的教會、機構或從事慈善工作。

相對地，資源寬裕的教會也應該善用奉獻款去幫助弱小的教會或有需要的機構，而不是獨享資源，因為上帝喜悅我們彼此幫助。

「我不是想加重你們的負擔，來減輕別人的負擔。既然你們現在富足，就應該幫助那些貧窮的。到了他們富足而你們有需要的時候，他們也會幫助你們。這樣雙方面都有機會互相幫助。」（哥林多後書8:13-14）

5. 奉獻不要故意張揚

奉獻的意義是感恩、支持教會、關懷弱勢，不要故意讓別人知道我奉獻了多少。

教會在週報刊登奉獻明細是為了對帳和徵信，也不是為了張揚。因此，有些教會會貼心地以奉獻編號取代名字。

「所以，你們施捨的時候，不可大吹大擂，像那些偽善的人在會堂或街道上所做的，為要得到別人的誇獎。我告訴你們，他們這樣做已經得了所能得到的報償。你施捨的時候，別讓左手知道右手所做的，這應該是一件隱密的事。這樣，那位看得見你在隱密中做事的天父一定會獎賞你。」（馬太福音6:2-4）

6. 不必因為奉獻多寡而驕傲或自卑

人們也許會因為奉獻金額多寡而看重或輕視某個人，但上帝看待奉獻的眼光和人不一樣，祂注重的是我們的心。

路加福音記載這樣一段故事：

「耶穌抬頭觀看，看見一些有錢人把他們的捐款投進聖殿的奉獻箱裡。他又看見一個窮寡婦投了兩個小銅板。於是他說：『我實在告訴你們，這個窮寡婦所奉獻的比其他的人都多。因為別人是從他們的財富中捐出有餘的；可是她已經很窮，卻把自己全部的生活費用都獻上了。』」（路加福音21:1-4）

如果我們經濟上有困難，奉獻減少也不用自卑，因為上帝看重的是我們奉獻的心意。

7. 全心全人的奉獻

上帝並不缺錢。在上帝眼中，比十一奉獻更重要的是活出公義、憐憫與信實。不要以為只要在金錢上做到十一奉獻，就可以贏得上帝的祝福。

基督徒除了金錢奉獻之外，更要將全心全人奉獻給上帝，努力過蒙上帝喜悅的生活。

「你們這班偽善的經學教師和法利賽人要遭殃了！你們連調味的香料，如薄荷、大茴香、小茴香等物都獻上十分之一給上帝，但是法律上真正重要的教訓，如正義、仁慈、信實，你們反而不遵守。這些重要的教訓才是你們所必須實行的，至於其他的，也不可忽略。」（馬太福音23:23）

「撒母耳說：上主喜歡什麼呢？順從他呢？還是向他獻燒化祭和祭物呢？順從比祭物更好；聽命勝過獻上最好的羊。」（撒母耳記上15:22）

三、為奉獻禱告

當我們苦思如何依照上帝旨意來奉獻時，不妨再次來到上帝面前，直接請問上帝，祂希望我們怎麼做。

或許祂希望我們不要再為自己找藉口；或許祂希望我們能從奉獻的壓力得到釋放；或許祂根本不擔心我們的奉獻，而是擔心我們的生命；又或許祂只想抱抱我們。在禱告和奉獻當中，我們會慢慢更認識上帝。

9

一起參與事奉

小美來教會一段時日了。

有一天，長老問小美：「妳有參與什麼事奉嗎？」

小美心想：「要做什麼事奉啊？禮拜中的事務有牧師、長執及幹事來處理，難道我們一般會眾還需要幫教會做些什麼嗎？週一到週五多數人都忙碌於工作與家庭，如果週末還需要為教會勞碌，那也實在是蠻辛苦的！」

小美當下不好意思直白地講出心頭疑問，只是搖搖頭，抱歉地說：「我能力不好，我不知道能參與什麼事奉。」

長老笑著說：「每個人都可以參與事奉哦！而且，我們會在事奉中經歷上帝，也會在事奉中成長！」

小美對長老的說法一頭霧水，開始在心裡猜想：「難道，事奉越多，就越能得到上帝的喜歡，然後我們的祈求就會越容易獲得滿足……？」

一、「事奉」是什麼？為何要事奉？

　　事奉，就是善用上帝賜給我們的能力去為主工作。

　　教會事奉的內容很多元：禮拜中的招待、獻詩、發週報、音控、準備愛餐、交通指揮、整理環境、主日學教學、社區服務、探訪……。由於教會事工非常繁多，若僅靠牧者、幹事及長執的人力是不夠的，很需要弟兄姊妹一起來參與。

　　基督徒參與事奉，是基於一種認知：我們的才幹、能力，都是來自上帝的賞賜，因著愛、因著感謝，樂意將這些才情回報給上帝，被上帝所使用，參與在上帝的工作裡。

　　但是，為上帝工作，並不限於教會事奉，也包括對周遭人的服務及對社會的服務。耶穌曾經教導門徒：事奉最微小的弟兄，就是為主工作（參馬太福音25:40）。因此，賙濟窮苦的人、接待外籍移工、照顧生病的人、幫助受壓迫的人……，這些為弱勢者的服務，也是事奉。

　　其實，「事奉」不見得要做出什麼特別的事蹟，它更像是一種生活方式：每天用事奉上帝的心，將自己交給上

帝使用，在生活中實踐愛上帝和愛人，就是事奉。因此，無論是單純地讚美上帝、讓座給老人、為有需要的人禱告、傳福音給朋友、聚會幫忙排桌椅、在工作或讀書上做好自己的本分……，只要是用事奉上帝的心去做，就是事奉上帝。

二、沒有特殊才能的人，也能參與事奉嗎？

事奉所強調的不是個人的能力，而是與上帝同工。

無論能力如何，每個人都可以參與事奉。因為事奉所倚靠的是上帝，而不是我們自己。

當我們願意將自己交給上帝使用，不管我們擁有多少，上帝都能使用我們一點點的貢獻來完成祂偉大奇妙的計畫。因此，事奉的意願、態度比能力更重要。

如果不知道自己可以參與什麼事奉，也可以向牧者或長執表明事奉的意願，由他們來安排、導引。

三、事奉，我應付得來嗎？

　　許多人在被邀約參與事奉時，難免會擔心自己的能力是否足夠？會不會把事情搞砸了？或者，不想承擔太多的責任或影響目前的生活安排，只願意偶爾幫幫忙，卻不願承擔正式的職責。

　　不只是我們這些凡夫俗子會有這些顧慮，聖經上赫赫有名的大人物在被上帝差遣時也常是信心不足，百般推託。例如，當初上帝邀請摩西去見埃及王，將以色列民領出埃及時，摩西的回應是：「我算什麼？我怎能到埃及王那裡去，把以色列人領出來呢？」（出埃及記3:11）但是，上帝卻承諾要與摩西同在，而上帝也確實一步步帶領摩西，不僅賜給他行神蹟的能力及口才，也給他一起工作的同伴——亞倫。最後，摩西在上帝的帶領之下，完成了領以色列民出埃及的艱鉅任務。

　　當初，上帝邀請摩西時，摩西已非翩翩的英雄少年，而是個流亡四十年的八十歲老牧羊人，實在無法想像自己哪來的膽識及能力去和埃及王交涉。然而，當摩西願意順服上帝、倚靠上帝時，上帝就在當中賜下能力，使摩西突

破了原本的能力限制，經歷想像不到的奇異恩典。

　　摩西受邀請參與事奉的故事，也可能是你我的故事。我們會在事奉的過程中發現：事奉，表面上好像是我們在幫上帝做些什麼，其實卻是上帝給我們擴張能力及信心的機會。

四、事奉帶來的祝福

1. 可以在事奉中學習、拓展才能

　　曾有一位年輕媽媽，盡心盡力參與教會的老人事工，設計了不少適合長輩學習的手工藝及團康活動，也在當中發現自己確實喜歡與長輩互動。當孩子長大後，她二度就業時，因為在事奉上累積了不少教學成果，這些成果後來幫助她順利轉職到社區老人關懷機構工作。

2. 在事奉中經歷上帝奇妙的帶領，也在事奉中被幫助

　　有一位深受憂鬱所苦的弟兄，因為內心痛苦，開始質疑自己活著的意義。想不到一位朋友正好也遭遇一些難過

的事情前來找他輔導，他勉強打起精神聆聽，並開始安慰和鼓勵對方。想不到他在安慰和鼓勵對方的時候，竟然發現這些安慰和鼓勵彷彿也是上帝對他自己說的，他在關心事奉別人的時候，自己也得到了鼓勵和安慰。

即使我們在軟弱當中，上帝仍然能使用我們來事奉，甚至藉著事奉來幫助我們。

3. 事奉，可以調整我們的眼光

一位姊妹經歷失婚的痛苦，自信遭受很大的打擊，常常懷疑自己的價值，也不明白自己為什麼需要承受這些苦難。

後來，在參與關懷事工時，她看到更多受苦的家庭。因為深刻經歷過苦難，她很能同理對方的感受，她的陪伴總是能深深安慰那些辛苦的姊妹。不僅陪伴，她也開始為著這些弱勢家庭禱告、奔走。

由於將目光轉移到別人的需要而忘卻自身的苦楚，她漸漸地回復了活力，也在事奉中領悟到自己受苦的意義。得到答案之後，她終於能夠調整眼光，正面看待自己破碎的過去。

「我們知道，上帝使萬事互相效力，叫愛上帝的人──就是他按照自己的旨意呼召的人都得益處。」（羅馬書 8:28）

4. 在事奉中與弟兄姊妹有更多的互動

一位因為遷居而轉換教會的姊妹說，她初到教會時，只是按時做禮拜。整整半年間，她只認識牧師及牧師娘，其他弟兄姊妹對她而言，都只是常見的陌生人而已。一直到她答應參與教會事奉後，才與弟兄姊妹有真實、密切的互動，也因此建立真正的情誼。

5. 當我們參與事奉，理解那當中所需付出的心力後，就會更懂得感恩與體貼

如果我們在教會只是享受別人的服務而不去參與事奉，有時會變成消費者心態，只注意教會哪邊沒有做好，而忘記感謝背後許多用心和努力付出的人，也忘記感謝上帝。

五、事奉越多，就會越得到上帝的喜歡，祈求就越容易被應允嗎？

事奉，與傳統信仰裡「積功德」的概念大不相同！

事奉，是甘心樂意回應上帝的恩典，並不是想要藉此爭取上帝的愛或接納。所以，並不是事奉越多，禱告就越容易被應允。也不要企圖收買上帝，而在禱告時和上帝談條件：如果我投入某項事奉，就請祢就應允我的祈求……。

其實，在我們參與事奉之前，上帝就先愛我們了。如果我們為了種種因素暫時無法投入教會的許多事奉，不用擔心上帝會因此不愛我們或不接納我們。

雖然，事奉不是在上帝面前累積點數，無法兌換獎品，不過，參與事奉絕對是體驗上帝的好機會，我們可以在當中深深經歷上帝的愛與恩典，對自己屬靈生命的成長很有助益。如果長時間無法參與事奉，其實是非常可惜的。

六、事奉常見的挑戰

1. 沒有時間事奉

　　忙碌的社會，時間確實很寶貴。有時候，我們以為事奉佔用了我們休息的時間，但許多人在參與事奉後反而發現：與一群人不計利益地一起努力，共同完成一件單純的事，也建立出美好的情誼，反而有助於自己心靈的放鬆。

　　常見教會廚房裡準備愛餐的弟兄姊妹，邊做菜邊聊天，在嘻嘻哈哈中交流出許多廚房新把戲和好感情，他們雖付出了時間與體力，卻也在心靈上獲得飽足。

2. 一開始全心全力事奉，但過度勞累後開始覺得倦怠，甚至出現埋怨

　　上帝樂意我們為祂工作，但沒有要我們過度付出到精疲力竭。當我們發現事奉出現疲憊現象時，要適時表明困境，尋求支援或聽取前輩的經驗，甚至休息之後再出發。

3. 只在乎教會事奉，卻疏忽了家庭的照顧及職場的工作品質

聖經上說：「一個人不知道處理自己的家，怎能看顧上帝的教會呢？」（提摩太前書3:5）

家庭及職場上的事奉，都是我們的本分。如果疏忽家庭照顧責任或職場工作品質，並不是上帝喜悅的，也很難讓家人、同事感受到信靠上帝的美好。他們的怨懟累積多了，也會形成自己在教會事奉上的壓力。所以，如果事奉多到蓋過我們基本的責任和角色，那就是需要調整的時刻了。

4. 將事奉當作是一種表現，在乎人們的讚賞，也出現比較、競爭的心態

事奉，是單純地獻上自己為主所用。

事奉真正的目標是上帝及上帝所關注的人，並不是事情的成果或個人的表現。

所以，不要把事奉當作是展現個人能力的舞台，否則，很容易遺忘了上帝在事奉中的恩典，也忘了其他人的付出，將成果與榮耀歸諸自己，甚至產生莫名的驕傲與競爭，影響團體和諧。

　　另一方面，未參與事奉的人也需要有此認識，不要隨意對別人的事奉指指點點，也不要把別人的事奉當成理所當然。

5. 只在乎事奉，卻忽略靈修及禱告

　　有時候，事奉的過程不盡然一帆風順，我們甚至可能在事奉中受傷。如果單單靠熱情去事奉，很容易會因為對方的冷回應，熱情立刻被澆熄。例如，關懷陪伴在關係中受傷的人，對方卻一點也不領情。這時，我們就很需要透過靈修、禱告，尋求從上帝而來的鼓勵安慰，使我們有耐心與力氣繼續走下去。

　　而且，事奉之前，需要藉由靈修、禱告使我們明瞭上帝的心意，以免事奉方向失焦。如果不藉由聖靈的提醒，我們很容易用自己的喜好、意念，以及世界的價值去做上帝的工。

　　因此，不可只看重有形的事奉，而忽略了與上帝的關係。

💜 **案例** 💜

有一位剛信主的年輕媽媽，發現弟兄姊妹帶著幼兒參加禮拜時總是難以專注，於是自告奮勇向牧師娘表明：願意提早來教會參加第一堂禮拜，然後可以在第二堂禮拜時幫忙照顧幼兒。

她將這個想法告訴牧師娘後，牧師娘覺得單純幫忙帶小孩，實在有點可惜。於是，牧師娘號召了另外九位媽媽一起組成「幼兒主日學師資班」，給她們幾次的集訓後，這群沒有專業背景的姊妹就憑著信心和愛心開課了。

這些姊妹深知自己的不足，不僅認真準備，也很努力為課程禱告。她們單純地相信：只要自己願意為上帝做工，上帝自然會在當中帶領她們，與她們同工，補她們的不足。

這群新手老師邊做邊學，不僅在禮拜時間幫忙照顧幼兒，也教導這些小小孩背誦上帝的話語、歌唱讚美上帝、美勞創作……。

　　一段時日後，她們越教越熟練。不僅在備課中認識上帝的話語，也彼此切磋教學及育兒經驗，因著一起同工交流出姊妹間的好感情。

　　帶頭的那位媽媽完全沒料到，起初只是單純地想幫忙幼兒父母照顧小孩，卻在牧師娘一個口號一個動作的指導下，開啓了該教會的幼兒主日學，也開啓了自己從小到老的主日學事奉——隨著孩子漸漸長大，她從幼兒主日學老師轉換為兒童主日學老師，最後甚至成為成人主日學老師。她教過的學生，從3歲到90多歲都有。

　　談起事奉，她總是喜歡引述一句話：「上帝不是去邀請那些已訓練好的人，而是去訓練那些願意接受邀請的人！」

10 受洗後，你的生命成長了嗎？

　　小美第一次踏進教會時，看到教會牆上寫著一節經文：「若有人在基督裡，他就是新造的人，舊事已過，都變成新的了。」（哥林多後書5:17，和合本）這節經文給小美很大的盼望，深深觸動她的心。

　　小美經歷過許多的破碎，她不喜歡自己，渴望能擁有一個全新的生命。

　　小美心想：「如果在基督裡，就能成為一個新造的人，我願意！我真的願意！」

　　然而，小美也不禁疑惑，經過洗禮儀式後，人就會和以前不一樣嗎？那麼，為什麼有些基督徒明顯讓人感受到信仰散發出的馨香之氣，可是也有些受洗多年的基督徒好像和一般人沒什麼兩樣？

一、重生與成長

當我們決定要一生信靠耶穌、領受洗禮的時候，我們生命中的罪會透過洗禮而被洗淨，使我們成為新造的人。因此，受洗之日也是我們在聖靈裡重生的日子。

然而，初受洗時我們就像是嬰兒般稚嫩，需要好好被餵養，屬靈的生命才能茁壯、長大。

有些人受洗後會很認真地開始讀上帝的話語、禱告、參加禮拜、聚會……，不斷地在信仰上接受餵養，他的屬靈生命就會漸漸長大、成熟。可是，也有些人剛受洗時很興奮、認真，但一段時間過後就開始冷卻了，變成偶爾讀經、遇到困難時才禱告，忙碌時甚至就不參加禮拜了……。

因此，受洗之後每個人生命成長的景況都不一，有些人成長得很快，也很健康；有些人時進時停；有些人甚至受洗多年卻未見成長，像是個「屬靈巨嬰」。

二、成熟的基督徒，會有什麼特質？

1. 美好的人格特質

「仁愛、喜樂、和平、忍耐、恩慈、良善、信實、溫柔、節制」，聖經稱這九種特質為「聖靈所結的果子」（加拉太書5:22）。這是生命經常與耶穌連結，自然產生出來的特質。

有些人因為具備這些特質，別人很容易辨識出他們就是基督徒。

2. 領人信主

成熟的基督徒會結出「福音的果子」。

成熟的基督徒因為活出美好的生命特質，會吸引周圍的人願意跟著來認識他所信仰的上帝。

三、如何讓屬靈生命得以成長？

屬靈生命成長的祕訣就是：常與耶穌連結。

耶穌說：「我是葡萄樹，你們是枝子。那常跟我連結，而我也常跟他連結的，必定結很多果實；因為沒有我，你們什麼也不能做。」（約翰福音15:5）

基督徒與耶穌連結的方法：

1. 常常禱告

有些基督徒，一天到晚都在對上帝嘮叨，不論什麼事情都要向上帝報告，不管所禱告的事情是對還是不對，都在其中學習。時間久了之後，真的會看到他的信仰成長。

2. 好好讀聖經

除了禱告，連結耶穌最重要的途徑就是「好好讀聖經」。

神的話語很奇妙，常常像一道光照亮我們內心的黑暗處，使我們明白自己的錯誤。

基督徒若能持續、認真地讀聖經，一段時日後就會發

現他在品格上的改變與成長。

3. 團契相愛

弟兄姊妹彼此相愛，是基督徒的標記，也是耶穌對我們的吩咐。

彼此相愛，不是指要成為膩在一起的好麻吉，而是指要用真理相待，願為彼此的不足來代禱與勸勉。

人性很軟弱、很有限，我們容易看得到別人的問題，卻常常看不到自己的問題。因此，基督徒很難靠自己成長，而需要與弟兄姊妹有所互動，在團契中彼此勸勉，用愛心說誠實話。

或許有些人會在與弟兄姊妹的互動中受傷，然而，這些傷害都可能透過聖靈、牧長、弟兄姊妹的提醒、幫助與接納，而被治癒。當我們通過這些考驗，就能學習到真正的彼此相愛，也會在靈命上更加成熟。

「我給你們一條新命令：要彼此相愛。我怎樣愛你們，你們也要怎樣彼此相愛。如果你們彼此相愛，世人就會知道你們是我的門徒。」（約翰福音13:34-35）

4. 傳揚福音

　　傳福音時，未信者可能會問一些問題，讓我們不知道該如何回答。這些困窘，正是我們學習與進步的機會，會觸動我們去思索信仰的問題。

　　而且，傳福音的過程，我們也常常能體會上帝奇妙的恩典，看見上帝如何引導一個人從反對信仰到願意信靠耶穌。

5. 服務社會、關懷人

　　實踐，是檢驗信仰最重要的標準。當我們付出行動去實踐耶穌的教導 —— 愛與服務，不單單會使人得到幫助，自己也會在信仰上有所成長。

四、屬靈成長的平衡

　　讀經、禱告、團契相愛、傳福音、服務關懷，這五個面向的成長需要均衡發展。但是，有時候基督徒的成長會在不知不覺間偏重其中的一、二項，而忽略了其他。

　　例如，讀經、禱告很認真，卻沒有參與服務關懷或傳福音，使得信仰僅停留在觀念或口說，而缺乏行動。

　　或者，熱衷服務關懷、團契互動，卻很少讀經、禱告。因為欠缺聖經和聖靈的提醒，在實踐這些愛的行動時，就很容易憑著人的血氣、意念去做，遇有意見不一時，也容易產生紛爭或退縮。

　　如果發現自己有成長不平衡的困境，不妨好好禱告，檢視自己該補強哪一方面的學習。

　　事實上，只要有心學習，教會都有相對應的課程或活動可以參加。例如，想學習禱告，可以參加禱告會、早禱會或代禱團；想學習服務，可參與社區的事工，例如彩虹生命教育、社區探訪等；想要傳福音，可參加關於傳福音的裝備訓練課程、慕道班等；若要學習彼此相愛，可以去參加團契或小組；想學習聖經，可以參加成人主日學等。如果需要學習的項目很多，也不用急，就一項一項來。

　　每個階段的屬靈成長，速度未必一致：有時候我們會很投入、很有感動，也經常與上帝互動；有時候我們只是靜靜地參與、學習，並沒什麼高潮迭起；有時候我們甚至會經歷一些軟弱。或快或慢，或剛強或軟弱，都是屬靈成長常見的歷程。

　　屬靈成長是上帝的恩典，速度操控在上帝手中，不是

人能把握或控制的，我們能做的就是盡力去參與、學習！

五、屬靈生命的盤點

每一年，當我們歡喜迎接聖誕節、復活節等節期時，不妨也在這個時候檢視自己屬靈生命成長的狀況，看看自己與上帝的關係、與人的關係是更親近或更疏遠？在事奉上是更喜樂或缺乏喜樂？有沒有活出美好的見證？

倘若我們不明瞭自己的狀況，也可以在禱告時向上帝敞開，求上帝幫助我們看清楚自己生命的狀況，引導我們走在祂所喜悅的道路上。

♥ 案例 ♥

　　有一位姊妹在信主不久後，遭遇職場風暴。

　　在那段艱難的日子裡，她時時禱告，甚至禁食禱告，也很認真讀經，上帝的話語成為她心中力量的泉源。後來，順利轉職了，她到處向人見證上帝的恩典。

　　可是，當她進入順境後，禱告、讀經就不再那麼熱切了。不過，她開始積極參與事奉及團契活動。

　　因為活躍於教會事工，能力也備受肯定，她越發有自信及主見。漸漸地，她在事工上開始有自己的堅持，而與同工間產生意見上的摩擦。這些摩擦讓她很挫折，甚至萌生退出服事的念頭。

　　在難過之餘，她來到上帝的面前哭訴委屈，她告訴上帝，不知道自己做錯了什麼，求上帝幫助她！

　　哭訴之後，她漸漸安靜下來。突然發現，自己好久沒有這樣好好地和上帝說話了，這段忙碌於事工的日子她總是匆匆地祈求上帝幫助她這件事、那件事，

講完之後就立刻結束禱告，彷彿禱告只是一場儀式。她也很久沒有讀聖經了，總是一頭栽進事工中，積極地用自己的想法去做事、與人互動，並且將那些事工當成是自己的表現與成就，幾乎遺忘了為主做工需要先尋求主的心意。

　　在那天之後，她重新恢復禱告、讀經的生活，內心也漸漸地柔和平靜。後來，看見同工時她終於能露出自然的笑容，而笑容也化解了曾有的摩擦與尷尬……。

　　屬靈成長的過程，不見得日日是好日。但是，只要我們願意尋求上帝，就算在跌跌撞撞中，上帝依然可以將風暴化為祝福，使我們在當中成長！

進修筆記

11 認識基督教的聖禮

　　小美已經參加過好幾次禮拜了，還沒參加過聖餐禮。

　　在某一次禮拜中，長老端來好多小小杯的葡萄汁及小塊吐司，大多數人都伸手去領取。正當小美也伸出手準備領取時，長老不好意思地說：「小美，你還沒受洗，不能領取喔！」

　　小美心想：「怎麼回事？這完全不像教會平時的作風。牧師、長老平時都鼓勵我們在禮拜後留下來吃愛餐，也沒有區分受洗與否，為什麼對這麼小小杯的葡萄汁、小吐司塊卻如此計較？這些葡萄汁及吐司，究竟有何奧祕呢？何況，有沒有洗禮，有差嗎？只要我心裡信耶穌是救主，會禱告、有讀經、來聚會就好，為什麼一定要接受洗禮？」

基督教的聖禮有兩種：洗禮及聖餐禮。

一、洗禮

洗禮，就是由牧師等神職人員奉聖父、聖子、聖靈的名，用水為人施洗，這是正式成為基督徒的必經儀式。領受洗禮的人，必須要在上帝以及眾人面前公開承認耶穌是主，相信祂從死裡復活，並且接受耶穌作為個人的救主。

洗禮的水是象徵潔淨，可以洗淨我們生命中的汙穢，過往的罪就如同與耶穌一起被釘死在十字架上一般，已被埋葬。從此，我們與耶穌合而為一，也要因著耶穌的復活，而有了復活的新生命，從今開始過新的生活；並且要領受聖靈（上帝的靈），聖靈將住在我們裡面，成為我們生命中的輔導者、幫助者、安慰者。

洗禮，是願意一生跟隨耶穌的信仰告白。接受洗禮之後，從此成為上帝的兒女，生命中時時有上帝爸爸的同在及保守。

「藉著洗禮，我們已經跟他同歸於死，一起埋葬；正如天父以他榮耀的大能使基督從死裡復活，我們同樣也要過著新的生活。」（羅馬書6:4）

「你們大家都藉著『信』跟基督耶穌合而為一，成為上帝的兒女。」（加拉太書3:26）

Q：用什麼方式施洗？

施洗的方式有兩種：「點水禮」及「浸禮」。

「點水禮」是由施洗者將水澆灌或用水點在受洗者頭上，來完成洗禮的儀式。長老教會、信義會及天主教等採用此方式。

「浸禮」是讓受洗者整個人浸入到水中，來完成洗禮的儀式。浸信會等採用此儀式。

無論採用哪一種方式，都能歸入基督名下。

Q：什麼是聖父、聖子、聖靈？

聖父是上帝，祂是創造主。聖子是耶穌，祂是上帝的兒子，來到世界成為我們的救贖主。聖靈是上帝的靈，住在我們心裡，給我們安慰與感動，也提醒、幫助我們成為聖潔。

聖父、聖子、聖靈：三一上帝，雖然是三，卻完全地相愛與合一，是我們所信獨一的上帝，亦稱為「三位一體」。有人將三一上帝類比太陽，天父像太陽本身，耶穌像太陽射出的光，聖靈則像我們身上感受到太陽的熱，三一上帝完全合一地工作，創造並拯救世界。

三一上帝的合一就是基督徒學習合一最好的典範。而三與一之間雖然有難理解的地方，但人要了解超越人的上帝本來就可能遇到困難，我們只能謙卑學習。

聖經中沒有直接使用「三一上帝」的用語，而是由聖經歸納而來，強調我們相信的是獨一上帝，並且是父、子、聖靈。使用「三一上帝」的用語是為了避免基督徒的誤解，並對抗對聖經片面或錯誤的解釋。這個議題若要深入探討，可以跟牧者討論。

Q：為什麼施洗者要「奉聖父、聖子、聖靈的名施洗」？

這是耶穌親自吩咐的命令（參馬太福音28:19），也正因為是奉三位一體獨一真神的名施洗，那些看似普通的水，才會產生屬靈上的神聖意義。

「所以，你們要去，使萬國萬民都作我的門徒，奉父、子、聖靈的名給他們施洗。」（馬太福音28:19）

Q：如果從未做過傷天害理的事，也需要藉由洗禮洗淨過往的「罪」嗎？

基督信仰所稱的「罪」，不只是從法律層面或道德行為層面來看待，而是深入到每個人的心靈。每個人都難免有黑暗面，即使我們生命中的黑暗與罪惡只有一點點，但它對我們的影響就好像墨汁滴入一杯清澈的水中，只要一兩滴就會使整杯水受到汙染。

另外基督信仰非常重視人與上帝的關係。是否相信、

倚靠上帝？是否讓上帝傷心擔憂？是否遵守上帝的教導？人與上帝的關係破裂或出問題，就是基督信仰所說的「罪」。

因此罪除了凶殺、仇恨、姦淫、竊盜等道德、法律所不容的行徑外，也包括驕傲、自私、嫉妒、冷漠、不承認上帝、忽視扭曲上帝的教導⋯⋯。

如果我們誠實面對自己內心的黑暗，恐怕沒有人能宣稱自己毫無罪愆。

Q：如果已經口裡承認耶穌是主，心裡相信祂從死裡復活，為何不能直接成為正式的基督徒，還需要特別行「洗禮」這個儀式？

透過洗禮，耶穌將進入我們生命中。我們與耶穌合一，也與其他基督徒弟兄姊妹合一。

「你們受洗跟基督合而為一，正像穿上基督，有他的生命。」（加拉太書3:27）

耶穌也說：「信而接受洗禮的，必然得救。」（馬可福音16:16）

　　另一方面，「洗禮」是公開承認自己願意成為基督徒，一生追隨耶穌。這是一種堅定的身分許諾，表明在信仰上不再遊走於曖昧模糊之間，也不想偷偷摸摸。正如相愛的戀人，會透過「婚禮」來表明他們一生相許的決心，並接受大家的見證及祝福。

Q：為什麼洗禮之前，必須要先上完學道班？

　　學道班的課程內容是介紹基督信仰，讓人了解基督信仰所敬拜的上帝，認識聖經、禱告、教會及信仰生活。

　　接受洗禮的人，必須先認識他（她）所信仰的神，這樣的洗禮才會真實、有意義。

　　因此，教會會要求受洗者在洗禮之前，必須先上完學道班。但是學道班並不會勉強人洗禮，還沒準備好接受洗禮的人也可以先來了解。

Q：什麼是幼兒洗禮、堅信禮？

「幼兒洗禮」是父母（或長輩）帶著孩子來領受上帝的恩典，表明願意依照聖經的教導來培育孩子。

接受幼兒洗禮的孩子長大後，明白信仰及洗禮的意義時，自己站在上帝面前承認自己的信仰，這就是「堅信禮」。堅信禮可說是洗禮的最後一部分，接受幼兒洗禮的孩子，不需要重新接受洗禮。

二、聖餐禮

聖餐禮，是一場神聖的筵席，筵席的主人是耶穌，受邀的是耶穌的門徒，擺上的「餅」代表耶穌的身體，擺上的「杯」（葡萄汁）代表耶穌的血。

每當我們享用聖餐裡的餅及杯時，耶穌的身體與血就再次進入我們裡面，與我們合一。

「主耶穌被出賣的那一夜，拿起餅，感謝上帝，擘開，說：『這是我的身體，為你們犧牲的；你們要這樣

做，來記念我。』吃過後，他照樣拿起杯，說：『這杯是上帝用我的血所立的新約。你們每次喝的時候，應該這樣做，來記念我。』」（哥林多前書11:23-26）

Q：設立聖餐，有什麼特別的意義嗎？

1. 記念耶穌為我們捨身贖罪。
2. 記念上帝與我們訂立赦免的新約。
3. 領受主耶穌的生命，與主緊緊相連。
4. 藉著領受同一個身體和寶血，與弟兄姊妹在主裡合一。
5. 盼望、等候耶穌再來。

Q：什麼是新約？什麼是舊約？

「舊約」就是上帝最初和人的約定，藉著以色列民族傳承下來：如果人遵守上帝的律法，就能被上帝接納。當人違反律法的時候，要藉著獻上牛、羊的血當作祭物來贖

罪、潔淨，恢復跟上帝的關係。但其實獻祭的儀式沒有真正解決人的問題，獻祭完人的生命仍然沒有改變，繼續不斷違反和上帝的約定，讓上帝傷透了心。

　　但上帝的憐憫比人想像的還要大，祂決定與人訂立一個更新的「新約」：祂讓自己的獨生子耶穌來到世界，成為我們的代罪羔羊，被釘死在十字架上，當作贖罪的祭物，用祂流出的寶血來承擔我們的一切過犯，用祂的愛成為我們生命改變的力量。只要願意相信接受耶穌為我們的罪而死的人，都可以獲得赦罪，與上帝和好、恢復關係，並且成為上帝的兒女。

　　得以這樣與上帝重建關係，並不是因為我們有夠好的表現，完全是因為耶穌的救贖恩典。所以，我們每次在聖餐禮領受餅與杯時，就要想起耶穌為我們破碎身體、為我們流出鮮血，要用感恩的心來領受。

Q：為什麼領受聖餐具有與弟兄姊妹在主裡合一的意義？

　　透過聖餐禮，再一次提醒我們：我們是與弟兄姊妹一起分享耶穌的身體與血。耶穌不僅在我們個人的生命中，也在主內弟兄姊妹的生命中；耶穌不僅赦免我的罪，也赦免了所有主內弟兄姊妹的罪，無論他們是我所喜歡或不喜歡的。

　　而且，耶穌在史上第一次的聖餐禮中（最後的晚餐）也勸告門徒：祂怎樣愛我們，我們也要怎樣彼此相愛（參約翰福音13:34）。因此，每次的聖餐禮，都要省察自己與弟兄姊妹的關係，若有嫌隙，可以求主醫治我們，幫助我們學習彼此饒恕和合一。

　　「我們喝祝謝了的杯，不是分享基督的血嗎？我們吃擘開了的餅，不是分享基督的身體嗎？因為我們只有一個餅，也都分享同一個餅；所以，我們人數雖多，仍然是一體。」（哥林多前書10:16-17）

Q：為什麼領受聖餐可以讓我們領受主耶穌的生命，
與主緊緊相連？

耶穌說：「我就是從天上降下來那賜生命的食糧；
吃了這食糧的人永遠不死。我所要賜給人的食糧就是我的
肉，是為使世人得生命而獻出的。……我鄭重地告訴你
們，如果你們不吃人子的肉，喝他的血，你們就沒有真生
命。吃我肉，喝我血的，就有永恆的生命；在末日我要使
他復活。我的肉是真正的食物，我的血是真正的飲料。那
吃我的肉，喝我的血的，常在我生命裡，而我也在他生命
裡。」（約翰福音6:51-56）

耶穌的肉和血，指的就是聖餐的餅和杯。在聖餐中，
我們領受耶穌的身體和血，表明願意讓耶穌進入我們的生
命中，讓耶穌完全地充滿我們、掌管我們。

Q：各教會使用的餅杯好像不太一致，有關係嗎？

有些教會用無酵餅、小圓餅或吐司等作為聖餐中的「餅」，有些用葡萄汁或葡萄酒作為聖餐中的「杯」。用什麼材料並不重要，因為這只是一個象徵。重要的是我們領受聖餐時，在聖靈感動中我們經驗這是主的身體和血，也經驗我們的生命被主的生命所充滿和改變。

Q：為什麼未受洗禮的人可以吃愛餐，卻不能領聖餐？

愛餐的主要意義是透過分享食物，來分享愛，並且進行關懷及聯誼。

但聖餐著重的卻不是飲食上的吃喝，而是與耶穌生命的結合，記念耶穌為我們捨身贖罪。領受聖餐的人必須先清楚了解聖餐的意義，才能用神聖、敬虔、感恩及認罪悔改的態度參與這場「屬靈的筵席」。

「所以，無論誰，要是不用敬虔的心吃主的餅，喝主的杯，他就冒犯了主的身體和血。每一個人必須先省察自己，然後吃這餅，喝這杯。如果他不辨認所吃喝的跟主身體的關係，他吃這餅、喝這杯就是自招審判。」（哥林多前書11:27-29）

Q：多久舉行一次聖餐禮？

各宗派對於多久舉行一次聖餐禮，做法不一。

依照長老教會的法規，有牧者的教會，一年至少要舉行六次聖餐禮；沒有聘牧者的教會，一年至少兩次。

每次舉行聖餐禮之前，教會都會先行公告，好讓弟兄姊妹為迎接聖餐禮做心理預備，並排除困難盡量參加。

附錄一

基督徒對於祖先的追思與紀念

王道仁牧師

　　祭祖這個議題真的是台灣人信耶穌的一大阻礙，我傳福音的時候，很多人都會問我：「受洗成為基督徒之後，是不是就不可以拿香祭祖？」因為整個家族都在拜，不拜的話壓力真的很大。家族的人會覺得：「你怎麼這麼不孝？為什麼基督徒不認自己的祖先？為什麼為了信教要做到這樣？」萬一信耶穌的是長子或是獨子就更讓人煩惱，「以後祖先都沒人拜，不知該怎麼辦？」信耶穌在一些家族中，真的會引起很大的衝突。

　　基督信仰真的與台灣人的文化有衝突嗎？信耶穌真的就是不孝與背祖嗎？這是社會對基督徒很大的誤解。我們一起來研究台灣人祭祖的意義，也從聖經來學習基督徒應該怎麼做。

紀念感謝祖先

　　台灣人為什麼要祭祖？第一個原因就是要追思感謝

祖先。當我們飲水思源來追念祖先的時候，也是感謝祖先的機會。因為就是我們的祖先很辛苦，一代一代把子孫養大，現在才有我們。

這種對祖先的追思、尊敬與感謝，聖經上也很贊成。聖經裡面有很多家譜，有時我們讀聖經看到家譜會覺得很無聊，但這些家譜就是在表達上帝十分注重家族，也注重對祖先的尊敬與追思。

紀念感謝最早祖先的源頭──上帝

台灣人祭祖也是這樣，提醒我們不要忘記紀念與感謝。當然祖先的名，傳十代就已經很不錯了，更早的祖先有時真的很難確認，但也沒辦法。

讓我們來看這段聖經裡面的家譜：「閃是挪亞的兒子，挪亞是拉麥的兒子，拉麥是瑪土撒拉的兒子，瑪土撒拉是以諾的兒子，以諾是雅列的兒子，雅列是瑪勒列的兒子，瑪勒列是該南的兒子，該南是以挪士的兒子，以挪士是塞特的兒子，塞特是亞當的兒子，亞當是上帝的兒子。」（路加福音3:36-38，和合本修訂版）

這段聖經指出我們最早的祖先，就是亞當。這段聖經第一個名字是閃，有人認為就是黃種人的祖先。因此我們的祖先一直追溯上去就是閃，然後再一直往上到亞當。亞當是上帝所創造，所以如果我們要紀念與感謝祖先，最起初的對象應該就是上帝。

當然對不是基督徒的人來說，閃或是亞當是否真的是我們的祖先、聖經是否可信，可以再研究討論看看。其實不只聖經的家譜需要研究，我們自己家譜裡面寫的，有時也需要研究是否可信。常看到歷代與我們同姓的名人都會在家譜中出現，到底是不是我們的祖先，也值得研究。

但不管如何，對基督徒來說紀念祖先是重要的事，除了紀念上幾代祖先以外，我們也要特別紀念和感謝最早祖先生命的源頭——上帝本身。

紀念祖先使我們認識自己從哪裡來

講到紀念祖先，我們再看一段聖經。在約書亞記第四章，那時約書亞正要帶以色列人經過約旦河進入迦南地，上帝特別行了一個神蹟，和出埃及過紅海的時候一樣，就是讓河水乾掉，使以色列人平安走過約旦河。後來約書亞

就叫以色列人從約旦河取了十二塊石頭出來：「約書亞把他們從約旦河取來的那十二塊石頭立在吉甲，對以色列人說：『日後，你們的子孫問他們的父親說：「這些石頭是甚麼意思呢？」你們就讓你們的子孫知道，說：「以色列人曾走乾地過這約旦河。」因為耶和華—你們的上帝在你們前面使約旦河的水乾了，直到你們過來，就如耶和華—你們的上帝從前在我們前面使紅海乾了，直到我們過來一樣，要使地上萬民都知道，耶和華的手大有能力，也要使你們天天敬畏耶和華—你們的上帝。』」（約書亞記4:20-24，和合本修訂版）

　　約書亞鼓勵以色列人紀念祖先，不只是紀念祖先的名字，還要紀念他們是從哪裡來：上帝如何引導他們出埃及、經過約旦河，最後進入迦南地。他們又特別用石頭來紀念，因為在那個時代石頭可以留得最久。當以色列人看到這些石頭，就會想起當初上帝如何引導他們來到迦南地，也學習繼續信靠上帝的大能。

　　我們在紀念祖先的時候，也可以從這段聖經來學習，就是不只紀念祖先的名字，還要知道祖先的經歷、知道他們從哪裡來、了解家族的傳統，這樣我們才會更了解我們自己是從哪裡來的。

　　知道自己從哪裡來，才能思考我們的現在，也才有辦法思考未來我們要往哪裡去。紀念祖先可以幫助我們認識自己，也展望未來。

　　有一次我讀到《亞細亞的孤兒》，這是一本小說，述說一個台灣人的故事，他不論生活在哪裡，都因為台灣人的身分而受到歧視。他受到日本人的歧視，到中國去也受到中國人的歧視，從中國回到台灣又被台灣人懷疑。後來他真的不知道自己是什麼人，身分認同完全亂掉。亞細亞的孤兒，其實就是在講身為台灣人的悲哀。

　　我以前看這本書真的很有感觸，看完比較了解台灣的處境，也更了解我自己。

　　台灣不只一個族群，每個族群都有背後的歷史，族群之間也有通婚，所以要了解自己從哪裡來，有時十分複雜。但無論如何我們可以從聖經學習，盡力去了解與認識祖先的歷史，也透過這樣來認識自己。

　　基督徒對祖先的追思，除了台灣人所注重的，要紀念感謝祖先以外，還要紀念感謝人類最早的源頭──上帝，也要特別去了解祖先的歷史，從而知道我們是從哪裡來。

傳承祖先的榜樣、教訓和信仰

　　台灣人祭祖的第二個意義，就是將祖先的傳統、家訓和信仰傳承下去。有人曾對我分享，其實他也不知為什麼要拜拜，但因為這是祖傳的，他也不敢更改。除了信仰以外，祖先留給我們很多很好的典範和榜樣，也值得我們用心來學習和傳承。

　　這種注重家族傳承的觀念，聖經裡面也有：「我感謝上帝，就是我接續祖先用純潔的良心所事奉的上帝，在祈禱中晝夜不停地想念你。我一想起你的眼淚，就急切想見你，好讓我滿心快樂。我記得你無偽的信心，這信心先存在你外祖母羅以和你母親友妮基的心裡，我深信也存在你的心裡。」（提摩太後書1:3-5，和合本修訂版）

　　這段聖經指出，提摩太的信仰是從他的外祖母和母親傳承下來的，保羅也強調他自己的信仰和他的列祖一樣，可見聖經很支持將祖先美好的信仰傳承下去。

　　對基督徒的家族來說，這段聖經是很好的提醒。我們是否有像我們的長輩這樣純潔的良心、無偽的信心？我們是否有將美好的信仰傳承給我們的孩子、孫子？

傳承最早祖先的信仰

　　但對不是基督徒的家族來說，上述這段聖經的意思是什麼？如果祖先是拜拜的，我們也照樣繼續拜，不用改變嗎？其實不是。台灣人現在信仰的傳統，其實中間也有經過很多改變。華人一開始的宗教信仰也不是佛教、道教這些，佛教甚至不是從華人開始的宗教，這些宗教都是後來才開始流行的。

　　既然現在的信仰傳統經過改變，自然就不是最早祖先的信仰。如果我們要追求祖傳的信仰，應該要去追尋最早祖先的信仰，最好就是開天闢地第一個人所信仰那位最大的上帝。

　　這位最早、最大、最祖傳的上帝是哪一位？每個人可能有不同看法。但對基督徒來說，聖經創世記一開始就說：「起初，上帝創造天地。」所以當然就是我們所相信的上帝。對我們而言，敬拜上帝絕對不是背祖，反而是認祖歸宗。

　　拿香的傳統也是如此，台灣人非常注重是不是有拿香祭祖，但拿香也是一個後來才流行的傳統，不是最早的。我去研究香的由來是什麼、香是如何出現的，其實有很多

種說法：從印度來、中國本來就有等等。但不論是哪一種說法，都是後來發明的。人還在石器時代的時候，哪能做出一支一支的香？所以最早、最祖傳追思祖先的方式，一定沒有拿香。

所以基督徒並不是不注重家族的傳承和傳統，而是希望可以傳承最早、最好的傳統，就是敬拜那位創造天地又創造人的上帝。

表達對祖先的愛

台灣人祭祖的第三個意義，就是希望可以透過拜拜供應祖先。台灣人相信死後若無人祭拜，就會變成孤魂野鬼，非常可憐。沒拜的話也擔心祖先會餓，甚至生氣帶給家族災難；另一方面若是好好拜，也希望祖先喜悅，並且保佑家族。

這是許多台灣人的想法，但也難免讓人有一些疑問。過世的祖先真的會接受我們所獻給他們的嗎？不論是金紙、信用卡、iPhone，或是祭品，他們是否真的有這個需要？就算有需要，他們真的能接收到嗎？而且祖先若需要我們每天拜拜來供應他們，這樣他們好像不太夠力，都自

身難保了，眞的能保佑我們嗎？而且祖先如果眞的愛家人，爲什麼又可能帶給家族災難？

雖然有這些疑問，但台灣人還是很注重祭拜祖先，我覺得這背後有一個更深層的意義，就是表達對祖先的愛。雖然不知道祖先是不是眞的能接收得到，但這就是我們子孫的心意。

基督徒當然非常贊成表達對祖先的愛，基督徒每次追思祖先的時候也會用許多方式表達。有時是用花，例如在墳前獻花；有時是用蠟燭，像我們教會的清明追思禮拜就是用蠟燭紀念。基督徒還有一個特別的方式來表達對祖先的愛，就是爲祖先祝福禱告，將祖先交給上帝。

為祖先祝福禱告

祖先過世之後到底有什麼需要，我們是否可以幫得上忙，其實很難確定。聖經有幾段相關經文，但不是十分明確。無論如何，把祖先交給上帝一定是比交給我們自己更有效，因爲上帝是掌管生死的上帝。聖經上說：「應當一無掛慮，只要凡事藉著禱告、祈求和感謝，將你們所要的告訴上帝。上帝所賜那超越人所能了解的平安，必在基督

耶穌裡，保守你們的心懷意念。」（腓立比書4:6-7，和合本修訂版）如果我們掛慮祖先，可以用禱告將這事情交給上帝，上帝會給我們平安。

為家族祝福禱告

除了為祖先祝福禱告以外，基督徒還可以為家族祝福。我們很難確認祖先是不是有力量保佑家族，但創造天地的上帝一定有。上帝真的能保護看顧我們的家族，幫助家人跟隨祖先的腳步，走在正確的道路上。因此基督徒追思祖先的時候，可以好好替家族禱告。

以上這些就是基督徒追思祖先的重點。台灣人祭祖的意義是要紀念與感謝祖先，將祖先的傳統傳承下去，供應祖先並希望祖先保佑，且表達對祖先的愛。基督徒對祖先的追思也類似，就是要紀念與感謝祖先，但不要忘記得感謝祖先最早的源頭——上帝，透過對祖先歷史的了解，認識自己是從哪來的；再來是傳承祖先好的信仰，甚至去追求最早祖先的信仰；用心表達對祖先的愛，為祖先祝福禱告，也為家族祝福禱告。

　　從這些我們可以了解：基督徒對祖先的態度與台灣文化其實沒差那麼多，有很多共通點，只是表達的方式不同而已。

讓追思祖先成為見證的機會

　　許多第一代的基督徒遇到祭祖的日子壓力都很大，不知道該如何面對其他宗教的儀式，猶豫拒絕參加會不會讓人覺得不孝。

　　其實基督徒不用拒絕參加，因為基督徒不是不追思祖先，而是用基督徒的方式來追思，這甚至是一個見證上帝的機會，讓家族的人有機會認識上帝。例如紀念祖先的時候，別人拿香拜一下就把香插起來，但我們可以在那裡禱告久一點，甚至可以嘗試大聲念禱告文為祖先和家人祝福。

　　家族裡面若有其他的基督徒，還可以跟長輩商量，辦一個簡單的追思禮拜，邀請其他的親人來體驗一下。若是自己辦有困難，我們教會在每年清明都會舉辦聯合追思禮拜，這也是一種方式。這樣紀念祖先就不會造成家庭的衝突，反而是見證上帝的機會。

這就跟聖經說的一樣：「因為上帝賜給我們的不是膽怯的心，而是剛強、仁愛、自制的心。所以，不要以給我們的主作見證為恥，也不要以我這為主被囚的為恥；總要靠著上帝的大能，與我為福音同受苦難。」（提摩太後書1:7-8，和合本修訂版）

我們可以求上帝賞賜我們剛強、仁愛與自制的心，勇敢為我們的主作見證。有時需要忍耐，但為了主，這沒關係。例如有些基督徒遇到祭祖的日子，會特別去幫忙準備拜拜的東西，雖然沒有拿香拜，只在那裡禱告，但會以幫忙準備和收拾來表達對家族的愛和支持，這也是一種見證。

從壓力到平安

以上提到這些都是很好的方式，但我也曾碰過一些基督徒，家族的壓力很大，親人對基督徒的誤解很深，也根本聽不進解釋。遇到這種困難與壓力，要如何做真的很難決定。

有的基督徒選擇堅持不拿香，甚至為此被趕出家門。但不論親人怎樣對待他，他一律用愛面對。平常也盡心孝

順父母，關心家族的事情，用愛面對親人。經過好幾年的努力，親人的態度一年一年改變，最後才得到家族的接納。

有的基督徒為了家族的和諧，選擇拿香，但拿香的時候不是將祖先當作神明在拜，而是拿香在那裡禱告，求上帝看顧祖先和家族。其實天主教現在就是採用這種做法，但這在基督教的教會有一些爭議，還在討論是否合適。

聖經裡面有一個人信上帝以後也碰到類似的問題，就是乃縵。他是一個將軍，他得到非常嚴重的皮膚病，後來被上帝治好。治好以後他就說：「『僕人必不再把燔祭或祭物獻給別神，只獻給耶和華。惟有一件事，願耶和華饒恕你僕人：我主人進臨門廟在那裡叩拜的時候，他總是扶著我的手，所以我也在臨門廟叩拜。我在臨門廟叩拜的這事，願耶和華饒恕你僕人。』以利沙對他說：『你平安地回去吧！』」（列王紀下5:17-19，和合本修訂版）

乃縵願意只拜獨一的上帝，但他跟國王去廟裡的時候，真的沒辦法，一定要跪，就求上帝赦免，結果上帝讓他平安回去。

這讓我們了解：當我們已經盡力，但還是沒辦法或失

敗的時候，上帝的愛和赦免還是勝過一切。我的意思不是
說拿香是對或是錯，也不是說我們可以隨便求上帝赦免就
去犯罪，我覺得在上帝面前最重要是我們的心。上帝知道
我們的心，上帝也願意用愛和赦免，來讓我們得到平安。

為第一代基督徒禱告

如果我們是基督徒的家族，幾乎不會碰到以上的衝
突，但我們有一個責任，就是要去支持其他第一代的基督
徒，為他們禱告，特別是在過年過節的時候，因為過年過
節就是祭祖的時節。我們可以求上帝賞賜他們智慧和能
力，並且勇敢為上帝作見證；在他們承受壓力或困難的時
候，我們要學習成為他們的支持和幫助；而在他們跌倒或
是失敗的時候，也求上帝赦免和安慰。因為在基督裡面，
我們都同屬上帝家族，在上帝的家裡面都是兄弟姊妹。

願上帝賜福祂自己的家，用祂的愛充滿我們每一個
人，也充滿每一個基督徒的家族。

附錄二

理想的教會

王道仁牧師

　　近年台灣教會界有許多不同的方向：有的注重聖經研讀和神學，有的注重聖靈充滿和恩賜；有的注重保持優良傳統，有的注重改革與更新；有的注重傳揚福音搶救靈魂，有的注重生活實踐社會關懷；有的注重訓練門徒，有的注重牧養關顧；有的注重關懷資深長輩和成人，有的注重帶領年輕人和兒童。但我常在思考，在上帝的心意裡面，這些方向其實不一定互相排斥，反而可以相輔相成：教會需要聖經，也需要聖靈；教會需要傳承優良的傳統，也需要不斷自省、更新與進步；教會需要傳福音，也需要關懷社會；教會需要訓練耶穌的門徒，也需要牧養關顧有需要的人；教會不應該忽略資深長輩和成人，也不應該忽略年輕人和兒童。教會應該鼓勵不同恩賜和方向好好照上帝心意發展，並且也互相接納、彼此成全。正如聖經中保羅對教會的勸勉：

　　「他所賜的有使徒，有先知，有傳福音的，有牧者和

教師，為要裝備聖徒，做事奉的工作，建立基督的身體，直等到我們眾人在信仰上同歸於一，認識上帝的兒子，得以長大成人，達到基督完全長成的身量。這樣，我們不再作小孩子，中了人的詭計和欺騙的法術，被一切邪說之風搖動，飄來飄去。我們反而要用愛心說誠實話，各方面向著基督長進，連於元首基督，靠著他全身都連接得緊湊，百節各按各職，照著各體的功用彼此相助，使身體漸漸增長，在愛中建立自己。」（以弗所書4:11-16，和合本修訂版）

我覺得理想的教會就是如此：每個弟兄姊妹連結於基督，領受基督的恩賜，發揮基督的恩賜，彼此成全完成合一的事奉，以致整個教會能在各方面成長起來，成為社區的見證，傳揚基督的福音，最後塑造出「合上帝心意的教會」：

1. **敬拜** To Seek the Lord/Tui-kiû Siōng-tè：
   不是讓人滿意，而是面對上帝
2. **教導** To Study the Bible/Thak Sèng-keng：
   不是給標準答案，而是從聖經學習

3. **團契** To Support one another/Tâng Sim saⁿ-thiàⁿ：

不是意見一致，而是彼此接納饒恕

4. **服務** To Serve the Lord/Tâng Sū-hōng：

不是給予，而是陪伴

5. **傳揚** To Spread the gospel/Thoân Siōng-tè：

不是追求數字，而是願意分享

6. **真誠** To be Sincere/Tui-kiû Sêng-si̍t：

不是外表，而是實質

7. **奉獻** To Sacrifice for the Lord/Tùi Chú Tiong-Sêng：

不是給教會，而是給上帝

8. **成長** To Start growing/Tióng-tōa Sêng-se̍k：

不是完美，而是成長

　　現實的教會雖不完美，但我們可以一起學習成長，主
的愛會成為我們的醫治、安慰和力量。歡迎一起來學習！